Ansiedad

Superar la depresion y la ansiedad mediante el uso de la terapia cognitiva conductual (La guía impresionante para vencer la ansiedad y la preocupación)

Tilo Otero

Ansiedad: Superar la depresion y la ansiedad mediante el uso de la terapia cognitiva conductual (La guía impresionante para vencer la ansiedad y la preocupación)

ISBN 978-1-989744-24-6

Este documento está orientado a proporcionar información exacta y confiable con respecto al tema y asunto que trata. La publicación se vende con la idea de que el editor no esté obligado a prestar contabilidad, permitida oficialmente, u otros servicios cualificados. Si se necesita asesoramiento, legal o profesional, debería solicitar a una persona con experiencia en la profesión.

Desde una Declaración de Principios aceptada y aprobada tanto por un comité de la American Bar Association (el Colegio de Abogados de Estados Unidos) como por un comité de editores y asociaciones.

No se permite la reproducción, duplicado o transmisión de cualquier parte de este documento en cualquier medio electrónico o formato impreso. Se prohíbe de forma estricta la grabación de esta publicación así como tampoco se permite cualquier almacenamiento de este documento sin permiso escrito del editor. Todos los derechos reservados.

Se establece que la información que contiene este documento es veraz y coherente, ya que cualquier responsabilidad, en términos de falta de atención o de otro tipo, por el uso o abuso de cualquier política, proceso o dirección contenida en este documento será responsabilidad exclusiva y absoluta del lector receptor. Bajo ninguna circunstancia se hará responsable o culpable de forma legal al editor por cualquier reparación, daños o pérdida monetaria debido a la información aquí contenida, ya sea de forma directa o indirectamente.

Los respectivos autores son propietarios de todos los derechos de autor que no están en posesión del editor.

La información aquí contenida se ofrece únicamente con fines informativos y, como tal, es universal. La presentación de la información se realiza sin contrato ni ningún tipo de garantía.

Las marcas registradas utilizadas son sin ningún tipo de consentimiento y la publicación de la marca registrada es sin el permiso o respaldo del propietario de esta. Todas las marcas registradas y demás marcas incluidas en este libro son solo para fines de aclaración y son propiedad de los mismos propietarios, no están afiliadas a este documento.

TABLA DE CONTENIDO

Parte 1

Introducción

Felicitaciones por descargar el libro.

Los siguientes capítulos discutirán lo que el campo de la neurociencia puede revelarnos sobre la ansiedad. La neurociencia se puede considerar como un examen en profundidad de cómo interactúan y operan entre sí las diferentes partes del cerebro. El estrés, la depresión, la timidez, la ansiedad, los ataques de pánico, todas estas condiciones se forman primero en el cerebro antes de filtrarse en nuestros cuerpos físicos y patrones de comportamiento. Todo lo que constituye un ser humano, bueno y malo, todo comienza en el cerebro. Cada vez que se produce una emoción, diferentes áreas del cerebro están haciendo cosas diferentes. La neurociencia, aunque todavía es un campo en desarrollo, tiene la capacidad de identificar exactamente lo que sucede dentro del cerebro de alguien cada vez que experimenta alguna sensación.

Alguien con un conocimiento mecánico de

automóviles sabrá cómo arreglar un motor. Alguien que tenga una comprensión profunda del arte será capaz de averiguar de qué manera se acarició un pincel mientras contemplaba un cuadro. Alguien con un conocimiento de la neurociencia podrá detectar por qué alguien se siente de esa manera. Si desea comprender por qué puede sentirse ansioso, aprender sobre neurociencia le brindará el conocimiento que estaba buscando.

Hay muchos libros sobre este tema en el mercado, ¡gracias de nuevo por elegir este! Se hicieron todos los esfuerzos para garantizar que esté lleno de la mayor cantidad de información útil posible, por favor, ¡disfrútenlo!

Capítulo 1: Examen neurológico del estrés, la ansiedad y la depresión

La ansiedad es una de las enfermedades más comunes que actualmente aquejan a millones de hombres y mujeres en todo el mundo. Ser tímido, preocuparse demasiado, ataques de pánico: todos estos no son más que extrapolaciones diferentes de miedo. El miedo es la causa raíz de casi todos los trastornos neurológicos que existen. La ansiedad es el traje que el miedo le gusta usar más que cualquier otro. Todos los ataques de pánico, diversas formas de depresión, estrés y cualquier otra manifestación de miedo tendrán ansiedad como un síntoma subyacente.

Para comenzar a superar la ansiedad (temores del conjunto favorito de ropa), debes comprender que todo, bueno o malo, comienza en el cerebro. Cada vez que un estímulo del medio ambiente ingresa al cuerpo humano (como cierto olor), el cerebro reaccionará de manera positiva, negativa o neutral. Si hueles algo y luego lo descartas, tu cerebro se mantuvo neutral. Si el olor desencadenó un mal recuerdo, entonces el cerebro reaccionó negativamente. Si el olor provocó un recuerdo feliz, o si por casualidad disfrutaste de una fragancia particular, entonces el cerebro reaccionó positivamente. Otros estímulos afectan al cerebro de la misma manera. Cierta vista puede ser agradable a los sentidos, o perturbadora. Tocar algo suave puede brindar una sensación de comodidad mientras que tocar un carbón caliente puede provocar dolor. El cerebro humano es un receptor, una taza que recibe el líquido vertido en él. El estímulo de su entorno es el líquido que se vierte en la taza de su cerebro. Estos líquidos, los estímulos, pueden ser corrosivos para la taza del cerebro o empoderamiento.

Lo que quizás no sepa sobre el cerebro humano es que tiene la capacidad de alterar los estados de ciertos componentes que están dentro de él. Este proceso se llama neuroplasticidad. Cuando ocurre la neuroplasticidad, pueden ocurrir muchas cosas diferentes dentro del cerebro. La cantidad de materia gris puede alterar en proporción. Las áreas del cerebro que realizan tareas específicas se pueden repartir a diferentes áreas. Las vías sinápticas pueden debilitar o aumentar la fuerza y la eficiencia. La neuroplasticidad es una espada de doble filo. Puede funcionar para hacernos más felices y tranquilos, o ansiosos y más deprimidos. Aunque el concepto de neuroplasticidad no es nada nuevo, con teorías que se remontan a los días de la antigüedad, la ciencia fría y dura detrás de esto es una convención más moderna. Tenemos que agradecer a los neurocientíficos por proporcionar los datos duros que han demostrado que la neuroplasticidad es algo real y objetivo en lugar de una teoría infundada.

La neurociencia se puede definir como el estudio de la interacción entre el sistema nervioso y el cerebro. El cerebro (la copa) es el receptor de los estímulos (el líquido de nuestro entorno). Después de que este líquido se vierta en la taza, el cerebro sufrirá neuroplasticidad (cambio) y liberará una serie de comandos en el sistema nervioso. Si la serie de comandos que el cerebro envía al sistema nervioso es positiva, entonces una calma alegre debe comenzar a envolver al individuo. Si en la otra mano desafortunada, el cerebro envía un comando negativo, entonces el miedo (generalmente vestido como ansiedad) comenzará a sobrepasar a la persona.

Entonces, ¿qué nos puede decir la neurociencia específicamente sobre la ansiedad, el estrés y la depresión? ¿Cómo está cambiando el cerebro el proceso de la neuroplasticidad cuando un estímulo negativo entra en nuestro sistema? ¿Por qué nuestros cerebros aparentemente nos traicionan y envían comandos al sistema nervioso que son maléficos? ¿Qué sucede exactamente dentro del cerebro justo antes de que nos sintamos ansiosos, estresados, deprimidos y temerosos?

El área principal de interés al examinar la ansiedad y el cerebro debe ser el sistema límbico. El sistema límbico es responsable de manejar nuestras emociones, aspectos de la memoria, motivaciones y comportamientos. Se supone que esta red complicada funciona sin problemas y distingue correctamente entre estímulos positivos y negativos. Las acciones, los pensamientos y los sentimientos tienen áreas diferentes dentro del sistema límbico que se dedican a garantizar que cada área específica de la función se comunique con la otra correctamente. Sin embargo, cuando alguien se deprime, se forma una ruptura entre las líneas de comunicación entre un área y otra.

Piénselo así, cuando esté ansioso o deprimido, el área del sistema límbico que gobierna sus pensamientos no podrá comunicarse adecuadamente con el área que gobierna sus acciones. Si esto solo ocurre en episodios cortos, entonces el cerebro debería corregirse y volver a un estado de normalidad. Si esta falta de comunicación entre diferentes partes del cerebro durara mucho tiempo, entonces el proceso de neuroplasticidad tendrá lugar y comenzará a hacer de la ansiedad o la depresión el estado mental predeterminado. En otras palabras, si está estresado o deprimido durante demasiado tiempo, su cerebro comenzará a mantenerse estresado o deprimido.

Si no estaba familiarizado con la neurociencia y el proceso de neuroplasticidad y esta es la primera vez que aprende todo esto, no piense que se ha perdido toda esperanza. Recuerda que la neuroplasticidad es una espada de doble filo. Sí, es cierto que el cerebro puede cambiar para hacer que alguien sea más susceptible a estar en un estado de miedo, que consiste en estar ansioso, deprimido, asustado, tímido o preocupado, pero lo contrario también es cierto. Si alguien vierte más líquido positivo que negativo en la taza del cerebro y lo hace durante el tiempo suficiente, entonces la neuroplasticidad comenzará a alterar el cerebro y el estado mental subsiguiente en uno que, sencillamente, se aleje de la negatividad.

La neurociencia ha ayudado a demostrar que la idea a menudo exaltada de "pensamiento positivo" no es solo un eslogan sin azúcar. Es una ciencia fría, dura e imparcial. Se ha comprobado que es un proceso físico de la vida real que se llama neuroplasticidad. Sin embargo, debe haber una advertencia cuando se involucra en los conceptos de "nueva era" de pensar más positivamente que negativamente. La advertencia es simple y al punto. La advertencia es que solo repetir una afirmación positiva no es suficiente para cambiar la forma en que funciona tu cerebro. Las afirmaciones positivas sin duda pueden ayudar, y como un complemento agregado a otras técnicas, pueden ayudar a eliminar una mentalidad temerosa. Sólo por su cuenta, aunque no inducirá mucho cambio.

Una de las peores cosas que alguien puede decirle a una persona que sufre de ansiedad, depresión o cualquier otra extensión del miedo, es que solo tienen que pensar más positivamente. Si eso fuera realmente todo lo que hacía falta, la ansiedad no afectaría a millones de personas en todo el mundo. Lo que las personas que sufren de ansiedad realmente necesitan aprender es el trabajo práctico que puede cambiar el paradigma de su cerebro. Se necesita trabajo práctico. No tiene sentido decirle a alguien que tiene que pensar más positivamente si no sabe cómo hacerlo. No tiene sentido tratar de verter un líquido potenciador en una taza rajada. La copa debe ser reparada primero y se vuelve capaz de contener el líquido de positividad que se va a verter. Eso es lo que aprenderá acerca de la conexión entre neurociencia, neuroplasticidad, pensamiento positivo y ansiedad. Tener consejos prácticos y métodos para reparar la copa, como la meditación, es mucho más valioso que solo decirle que piense más positivamente. Nuevamente, las afirmaciones tienen su lugar, pero no son suficientes por sí mismas ni funcionarán en absoluto a menos que la copa se repare antes de verter las afirmaciones en ellas.

Una nota al margen debe mencionarse sobre las drogas y medicamentos. Ellos, como las afirmaciones, tienen su lugar. Si ya está usando medicamentos para combatir la ansiedad, continúe haciéndolo. Sin embargo, si agrega comprensión a lo que está sucediendo dentro de su cerebro, junto con técnicas prácticas para inducir un pensamiento más positivo, debería ver que los resultados se aceleran. También debe quedar claro que mientras las drogas funcionan rápidamente, una vez que se eliminan, el cerebro probablemente volverá a tener una mentalidad ansiosa. Es por esto que necesita incorporar otros métodos para enseñarle al cerebro en qué mentalidad quiere que permanezca permanentemente. Las afirmaciones y los medicamentos lo ayudarán a sentirse más positivo a corto plazo, pero si desea que la neuroplasticidad produzca un cambio positivo duradero, tendrá que comprender que se necesitará tiempo.

Como se mencionó anteriormente, mientras más tiempo esté alguien en un estado mental temeroso, es más probable que permanezcan en ese estado. Al contrario de eso, cuanto más tiempo esté alguien en un estado mental positivo, es más probable que permanezcan en ese estado. No espere que ocurra un cambio de mente positivo a largo plazo de la noche a la mañana.

Capítulo 2: Calculando el aquí y el ahora

Hay tres vías principales en el cerebro humano. Son el camino social, el camino biológico y el camino neurológico. Como las diferentes piezas contenidas en la red del sistema límbico, se supone que todas estas vías interactúan entre sí de manera fluida. Cada una de estas vías tiene sus propios ingredientes o recursos, que utilizan para recibir información de estímulos externos y luego enviar nueva información al sistema nervioso.

Los cerebros, humanos y de otro tipo, están diseñados para soportar un cierto nivel de estrés. En nuestro mundo agitado de hoy en día, muchos de nosotros a menudo superamos la cantidad de estrés que nuestros cerebros fueron diseñados para manejar. Cuando esto suceda, no solo el sistema límbico comenzará a comunicarse mal entre sí, sino que las tres vías principales en el cerebro también se confundirán y agotarán sus recursos internos más rápido de lo que deberían.

Esto puede llevar a una pérdida de energía, pérdida o aumento del apetito y muchos otros factores no deseados. Uno de esos factores no deseados es que el cerebro puede volverse aún más sensible al estrés. Cuando esto sucede, significa que algo que sea menos estresante seguirá molestando a la persona como si fuera una gran catástrofe.

Dentro del sistema límbico hay un área del cerebro llamada hipocampo. El hipocampo es extremadamente importante para el bienestar de una persona. No solo juega un papel importante en la formación de recuerdos, sino que también ayuda a regular las emociones. Los neurocientíficos han mostrado un gran interés en tratar de encontrar un vínculo entre el hipocampo y la depresión. Si el hipocampo modula las emociones, entonces también debe regir la depresión.

La neuroimagen es una arma importante del neurocientífico moderno. Esto es cuando los electrodos se colocan en una persona para "mapear" lo que sucede literalmente dentro de su cabeza en un nivel microscópico. Las pruebas y los estudios que utilizan la neuroimagen en personas que sufren depresión han dado una visión directa e indiscutible de lo que está sucediendo en el hipocampo de una persona cuando están en un estado de ánimo deprimido. Cuando alguien está deprimido, su hipocampo se encoge. Las redes y células (recursos) se deterioran. Luego, ocurre la neuroplasticidad y mientras más tiempo una persona permanece deprimida, más se contraerá su hipocampo. Esta es la dura realidad de lo que sucede cuando alguien supera la cantidad de estrés que su cerebro puede manejar durante un período prolongado. Las células cerebrales se reducen literalmente cuando alguien está demasiado estresado, y pueden morir y desaparecer por completo cuando el estrés se transforma en una depresión en toda regla o en un trastorno de ansiedad general (GAD). Teniendo todo esto en cuenta, es fácil ver por qué simplemente decirle a alguien que "deje de estar deprimido" o "simplemente piense positivamente" no funcionará.

Ser tímido o preocupado no debe hacer que esto suceda. En realidad es al revés. Cuando el hipocampo se encoge, es más probable que alguien se vuelva tímido y preocupante. Si es tímido por naturaleza, no debe asumir que tiene un hipocampo encogido, ya que hay muchas razones diferentes por las que la personalidad de alguien puede mostrar cualquier número de rasgos. Aun así, todo esto puede mejorarse, y debes hacer un esfuerzo honesto para iniciar el proceso de mejorar y aumentar el tamaño de tu hipocampo.

Junto con los aspectos aterradores de la neuroplasticidad, como la muerte de las células cerebrales y el encogimiento del hipocampo, la neuroimagen también ha revelado las noticias sumamente alentadoras. Incluso cuando las células cerebrales se estresan demasiado y mueren, incluso cuando el cerebro comienza a perder sus valiosos recursos internos, incluso cuando el hipocampo se encoge, todo esto puede revertirse. El proceso de desarrollo de nuevas neuronas en el cerebro se llama neurogénesis. Los neurocientíficos de hoy están comenzando a iniciar un movimiento que se dirige hacia el uso de la neurogénesis para no solo tratar la ansiedad o la depresión, sino también aumentar la salud cerebral en general. Donde antes muchos de los medicamentos y medicamentos destinados a tratar la depresión dependían de la serotonina, se están estudiando nuevos fármacos que aumentarán las probabilidades de que se produzca neurogénesis en el cerebro. Dentro de los próximos 10 años más o menos, puede haber una gran cantidad de medicamentos nuevos en el mercado, diseñados específicamente para aumentar la tasa de neurogénesis.

Eso está en el futuro sin embargo. ¿Qué podemos empezar a hacer ahora mismo, hoy, que tendría el mismo efecto? ¿Cómo podemos comenzar a invertir la dirección de la neuroplasticidad y alterar nuestros cerebros de una disolución neurológica que induce al miedo en una neurogénesis que expande la armonía? Por contradictorio que pueda parecer a primera vista, la respuesta no es mirar hacia el futuro o el presente. La respuesta a eso está enterrada en el pasado, sin embargo, nos la han transmitido los maestros de la sabiduría antigua. El método práctico que puede comenzar a hacer hoy para aumentar la neurogénesis en su cerebro se llama meditación.

El cerebro humano puede ser la malla más complicada de unidades interconectadas que este mundo haya visto. Todavía hay montañas de misterio que aún no se han escalado antes de que los neurocientíficos descubran todo lo que hay que saber sobre cómo funcionan nuestros cerebros. A pesar de esto, han podido dividir las principales redes del cerebro en dos categorías separadas. Estas son conocidas como las redes intrínsecas y extrínsecas. La red extrínseca se activa cuando alguien está centrando su atención en algo y tratando de completar una tarea específica. Este es el modo que se activa cuando un atleta está poniendo toda su atención en ganar un juego, o incluso cuando alguien está haciendo cosas simples como cocinar o tratar de resolver una ecuación matemática. Incluso mientras lee como está ahora, su red extrínseca está activada.

La red intrínseca, por otro lado, se activa cuando las personas ponen su atención y se centran en sí mismas, específicamente en sus pensamientos y emociones. La red intrínseca, que es más auto-absorbida, es nuestro modo predeterminado. La red extrínseca es cuando salimos de esta auto-absorción y enfocamos la atención en algo además de nosotros mismos. Muy raramente las redes extrínsecas e intrínsecas se activan al mismo tiempo.

En 2001, un neurólogo que operaba desde la Escuela de Medicina de la Universidad de Washington (ubicada en Missouri) llamado Marcus Raichle descubrió que cuando las personas experimentaban estados de aburrimiento, o simplemente de inactividad, durante un período prolongado de tiempo, comenzaron las redes intrínsecas y extrínsecas. Activar. Este fue un descubrimiento muy importante en el campo de la neurociencia porque era una evidencia de que el cerebro humano puede, de hecho, activar ambas redes simultáneamente, lo que anteriormente se creía que no era el caso. Parece que el grupo de personas en el que era más común que se llevaban a cabo eran monjes budistas. El estado de aburrimiento y no actividad mencionado anteriormente no significaba literalmente que los sujetos de prueba, los monjes, en realidad no estaban haciendo nada. Cuando se realizaron estas pruebas, los monjes estaban meditando. Supuestamente, la meditación activa tanto las redes extrínsecas como las intrínsecas.

Se ha dicho que el aburrimiento es un signo de una mente débil. La próxima vez que te encuentres atrapado en un tren o esperando en el consultorio de un médico, en lugar de mirar tu teléfono, ¿por qué no intentas hacer ... nada? Esto puede sonar extraño, pero cuando la mente humana se queda sola durante un período prolongado y no recibe ningún estímulo nuevo, tiene la oportunidad de convertirse en algo más que un receptor del mundo externo. El estado de nada, lo que algunos llamarían aburrimiento, le da a la mente la oportunidad de hacer una de dos cosas. Comenzará a fantasear ya soñar despierto (como cuando regrese a la escuela cuando un estudiante deje de prestar atención a un maestro) o mirará hacia adentro y hará una genuflexión. Cuando realiza una genuflexión, el cerebro se revisa a sí mismo en un nivel más profundo de lo que normalmente lo haría. En lugar de que el cerebro solo active la red extrínseca o la intrínseca, ambos comienzan a estallar y mediar entre ellos. Cuando esto sucede, este estado de meditación genuflexiva, el cerebro puede considerarse en armonía consigo mismo. Considera esto un estado neutral del cerebro. Cuando el cerebro es completamente neutral, no percibe las cosas como buenas o malas, negativas o positivas, sino que simplemente acepta todo como es. Se hacen a un lado sesgos, opiniones excesivas, juicios incorrectos y todas las debilidades humanas que pueden desechar el discernimiento preciso.

Para citar a Buda, "la paz viene de dentro. No lo busques sin él.

Este estado mental de neutralidad va más allá de calmarse. Es, literalmente, un estado de armonía con el yo, y por lo tanto, armonía con el entorno circundante. Normalmente, cuando alguien tiene un estímulo negativo vertido en la taza que es su cerebro, la negatividad se manifestará como una señal maléfica y enviará un mensaje de ansiedad al sistema nervioso. Después de que esto suceda, las personas comenzarán a sudar, a inquietarse, a preocuparse y posiblemente a sentir pánico. Sin embargo, si la mente se encuentra en un estado de neutralidad, estos estímulos negativos pasarán al sistema, serán analizados por el cerebro correctamente y, en lugar de enviar un impulso negativo al sistema nervioso, se producirá un impulso neutral.

Por ejemplo, si alguien olía algo que provocaba un mal recuerdo, rápidamente comenzaría a sentirse más negativo y aumentaría el estrés en su cerebro (lo que más tarde puede llevar a inducir más estrés a través de la neuroplasticidad y, con el tiempo, reducir el hipocampo). Sin embargo, si alguien estaba en un estado neutral y olía el mismo olor que anteriormente provocaba una mala memoria, el cerebro no cometería el mismo error que analizarlo como algo negativo. En su lugar, reconocería el olor por lo que es. Es posible que esto no parezca un beneficio mental importante a primera vista, pero si buscaba un poco más de lo que vería, este mecanismo es realmente poderoso.

Para mayor claridad, intente comparar estas dos oraciones internas y determine cuál de ellas puede pensar una persona que se encuentra en un estado mental normal y una persona que se encuentra en un estado meditativo de neutralidad.

"Este olor me recuerda a mi ex esposa ... genial ... ahora estoy pensando en mi divorcio ... perdí mucho dinero durante todo eso ..."

"Este olor me recuerda a mi ex esposa ... una vez estuve casado y ahora no lo estoy".

Por supuesto, estas formas de pensamiento pueden no sonar exactamente como lo que ocurre dentro de tu cabeza, pero el punto aún debería estar claro. Una mentalidad rápidamente comienza a atacar lo negativo y pierde el control de sus rodamientos. La negatividad se alimenta a sí misma y, cuando no se controla, se puede girar rápidamente de la mano. La otra mentalidad meditativa y neutral aún reconoce el mismo olor, pero la forma en que el cerebro lo interpreta es diferente. Una mentalidad se centra en el pasado, atrapada en un laberinto, mientras que la otra está arraigada en el ahora. Cuando la mente se enfoca en el ahora, los errores del pasado no lo afectan, ni las predicciones desconocidas del futuro.

Esta forma de pensamiento de estar en el momento presente y aceptar las cosas por lo que realmente son sin sesgos puede ayudar a inducir la neurogénesis. ¿Como hace esto? Cuando alguien está meditando, en realidad no crecen nuevas células cerebrales. Un cerebro sano activará la neurogénesis y reparará el cerebro por sí solo. Lo que hace la mentalidad neutral meditativa es que repele las formas de pensamiento negativas y evita que el cerebro sienta el peso del exceso de estrés. En otras palabras, la meditación impide que el cerebro se vuelva menos saludable y, por poder, aumenta la tasa de neurogénesis. Detiene el miedo mismo de anclarse en el cerebro.

Si ya ha comenzado la práctica de la meditación, asegúrese de continuar haciéndolo. Si puede, agregue un poco más de tiempo a su práctica. Meditar solo 5 minutos al día puede hacer maravillas para calmar la mente. Junto con estas sesiones diarias de meditación de 5 minutos, también es recomendable agregar un período más largo al menos una vez a la semana. Este período más largo puede durar desde cualquier lugar dentro del rango de 20 minutos a 1 hora. Si eres nuevo en la meditación, es posible que aún no te sea posible permanecer en un estado de neutralidad durante un total de 20 minutos. Con la práctica, sin embargo, obtendrá mejor en ello. Es el mismo concepto que intentar aumentar lentamente la cantidad de peso que levanta en el gimnasio o agregar algunas palabras nuevas a un idioma que intenta aprender con el tiempo. Nadie va a dominar un nuevo idioma a la vez, ni puede alguien hacer un press de banca de 200 libras antes de que puedan levantar 150. Estas cosas requieren práctica. Si no tiene idea de cómo meditar en absoluto, siga algunos de los consejos que se enumeran a continuación y solo siga una práctica diaria de 5 minutos hasta que sea mejor. Adoptar la práctica de meditar y adherirse a ella es la piedra angular del trabajo práctico que se debe hacer para pensar de manera más positiva.

Hay varias formas diferentes de meditación que sirven para propósitos similares pero diferentes. La mejor manera de comenzar para principiantes es cerrar los ojos y concentrarse en su respiración. Existe una técnica llamada respiración de cinco veces que es muy fácil de hacer. Primero, después de cerrar los ojos, inhala por la nariz. Mientras inhala, cuente en su cabeza de 1 a 5. Después de inhalar completamente y contar hasta 5, cuente hasta 5 nuevamente. Mientras cuenta por segunda vez, aguante la respiración. Después de que haya hecho eso, cuente hasta 5 nuevamente mientras exhala todo el aliento a través de su boca. Repita estos tres pasos otra vez: respirar por la nariz hasta el conteo de 5, aguantar la respiración hasta el conteo de 5 y exhalar por la boca hasta el conteo de 5, durante 5 minutos diariamente. Cuando haga esto por primera vez, intente encontrar un lugar que esté tranquilo y alejado de las distracciones. Si no puede encontrar ese espacio, intente escuchar música muy ligera en nuestros binaurales mientras usa audífonos.

Cuando hagas la respiración de cinco veces, trata de no pensar en nada en particular. Si eres nuevo en esto, descubrirás rápidamente que ralentizar el cerebro es muy difícil. Lo más probable es que haya una cacofonía de pensamientos variados que nadarán dentro y fuera de tu mente que te distraerán. Esto es común al principio. Incluso puedes comenzar a insistir en estos pensamientos aleatorios, lo que también es normal. Si te das cuenta de que te estás enfocando en un negativo, toma una nota mental para reconocerlo y luego trata de concentrarte solo en tu respiración. Además, no te preocupes por el ritmo que estás contando. No hay una velocidad adecuada para la respiración de cinco veces. Puede contar lenta o rápidamente, haga lo que le parezca más natural. Lo que es mucho más importante que la velocidad a la que estás respirando es el ritmo. Desea asegurarse de que su cuerpo esté inhalando, reteniendo y exhalando oxígeno a un ritmo constante. Estar en un ritmo fijo no solo facilitará un poco la meditación, sino que también ayudará a mantener el estado de neutralidad. Encontrarás, después de la práctica, que cuando se rompe el ritmo, se rompe la meditación.

La combinación de contar y concentrarse en su respiración debe mantener su mente algo ocupada. Su cerebro todavía está funcionando, pero no en el nivel normal que normalmente funciona. Agregar un poco de incienso puede ayudar también, ya que estimulará sus receptores olfativos y los mantendrá ocupados. Recuerde que los cinco sentidos (gusto, tacto, oído, olfato y vista) son las formas principales en que el cerebro recibe estímulos del entorno. Si podemos mantenerlos ocupados mientras silenciamos los pensamientos y nos enfocamos solo en respirar, entonces la mente tendrá todas las piezas en su lugar para alcanzar un estado de neutralidad.

Mantén la nariz ocupada con incienso. Mantenga los oídos ocupados solo escuchando su respiración (o lo que sea que esté en sus auriculares). También sentirá la respiración que entra y sale de sus pulmones, lo que mantendrá ocupado el sentido del tacto. El sentido del gusto no hará nada durante la meditación, así que no te preocupes por eso. El último de los cinco sentidos para calmarse durante la meditación es la vista. Aquí es donde entran en juego las visualizaciones.

Visualizar durante la meditación es una práctica más avanzada. Si eres nuevo en esto, entonces es mejor que lo retengas por ahora y solo continúes practicando haciendo la respiración quíntuple durante

5 minutos al día. Si siente que está listo para intentar visualizar mientras medita, comience de manera simple. Mire fijamente una imagen simple durante unos minutos antes de meditar. Puede ser una manzana, una sola letra o cualquier cosa que sea de un solo color y que tenga una forma fácil de recordar. Míralo, escanéalo con tus ojos e intenta sumergirte en los detalles, luego cierra los ojos y visualiza la misma imagen que estabas mirando. Debes notar que es difícil mantenerte al principio. Es por eso que solo querrás intentar mantener una parte de la imagen a la vez. Si usa una manzana, como ejemplo, intente conservar el color rojo o la forma de la manzana.

Después de mejorar en esto, deberías notar que la imagen de la manzana vendría a tu mente más rápido y se volvería más concreta y clara en el ojo de tu mente.

Si empiezas a mejorar en la meditación, puedes aumentar la escala de tus visualizaciones. En lugar de utilizar una imagen simple, como una manzana, comienza a imaginarte a ti mismo. Comience imaginándose a sí mismo tal como es ahora, y luego aumente la intensidad. Imagínate a ti mismo con una leve sonrisa en tu rostro. Sólo leve, esta es una sonrisa de relajación complaciente. Imagínese sentado con calma, sonriendo, y absorbiendo el oxígeno que lo rodea. Imagina el aire que respiras para tener un color en lugar de ser invisible. El color blanco debería funcionar bien. Imagina que este aire blanco entra en ti, limpia tus pulmones, y luego, cuando exhalas, imagina que el aire es de color negro cuando abandona tu cuerpo y se lleva todo el estrés y la ansiedad.

Esto puede parecer caprichoso o surrealista cuando empiezas a hacerlo por primera vez. No permita que esas suposiciones negativas le impidan intentarlo. Durante eones, los monjes y otros partidarios de la meditación han estado tratando de decirnos que nada es más importante que nuestro estado de ánimo. Para eliminar la negatividad y el juicio falso, la mente debe calmarse. En lo que pensamos, es probable que lo logremos en nuestras vidas. No solo los monjes han sabido esto durante miles de años, sino que ahora los neurocientíficos también están empezando a estar de acuerdo con la sabiduría de los monjes.

Capítulo 3: Las balanzas químicas

Se ha demostrado que lo que comemos tiene un efecto directo sobre cómo pensamos y sobre la salud general de nuestros cerebros. Esto significa que lo que consiste en nuestra dieta tendrá un gran efecto en nuestros estados de ánimo. No es muy diferente de usar una gasolina premium para alimentar un automóvil o colocar basura dentro del tanque de gasolina. Esto está relacionado con un proceso llamado estrés oxidativo.

El estrés oxidativo se puede definir cuando hay una falta de equilibrio adecuado entre los antioxidantes y los radicales libres que se encuentran dentro del cuerpo. No se habla mucho de los radicales libres fuera del ámbito de la dieta o la neurociencia, por lo que una breve explicación puede estar en orden.

Los radicales libres son moléculas que contienen oxígeno y tienen electrones que son desiguales en su número. Tener una proporción desigual de electrones ayuda a los radicales libres a interactuar con otras moléculas en el cuerpo más fácilmente que si tuvieran un número par. Cuando estos radicales libres interactúan con el resto del cuerpo, comienza una especie de efecto dominó que se conoce como oxidación. Los antioxidantes pueden dar uno de sus electrones adicionales a los radicales libres, lo que ayudará a equilibrarlos y crear la salida / entrada adecuada de equilibrio químico dentro del cerebro. Para simplificar las cosas, considera que el estrés oxidativo es respirar mal aire o no obtener la cantidad adecuada de combustible del aire que respiramos.

La oxidación funciona de dos maneras. Una es la oxidación normal, que ocurre naturalmente y nos ayuda a mantenernos vivos. Sin embargo, cuando el equilibrio entre los antioxidantes y los radicales libres se elimina, el estrés oxidativo puede comenzar a manifestarse. Cuando comienza el estrés oxidativo, puede seguir una gran cantidad de factores no deseados. Puede aumentar el envejecimiento, provocar la enfermedad de Alzheimer, endurecer los vasos sanguíneos, entre otros riesgos para la salud. Otra cosa que viene junto con el estrés oxidativo es la depresión. También puede dañar directamente el tejido cerebral.

Esto es todo por algo que se llama serotonina. La serotonina es un neurotransmisor ubicado dentro del cerebro que ayuda a controlar el dolor, el sueño, el apetito e incluso nuestro estado de ánimo. Lo que es importante saber acerca de la serotonina es que la mayoría (alrededor del 95 por ciento) se produce dentro del tracto gastrointestinal. El tracto gastrointestinal está cubierto con millones de neuronas que están constantemente hablando al cerebro. Por extraño que parezca, lo que pones dentro de tu estómago afecta tu mente y tu estado de ánimo tanto como al resto de tu cuerpo. Esto se debe a que la serotonina afecta directamente la forma en que funcionan las vías hacia el cerebro.

Las dietas que son muy altas en azúcar refinada no son saludables para el cerebro. Una pequeña cantidad de azúcar no producirá mucho efecto, para bien o para mal, pero la ingesta excesiva de azúcar puede aumentar el estrés oxidativo y perder el equilibrio entre los antioxidantes y los radicales libres.

Muchos neurólogos recomiendan tomar probióticos. Los probióticos pueden disminuir los niveles de ansiedad, reducir el estrés y, en general, conducir a una mejor imagen de la salud mental. Los probióticos pueden ayudar a equilibrar los radicales libres con los antioxidantes, así como ayudar a que la serotonina sea más suave.

Se han realizado estudios que han demostrado que una dieta más oriental (rica en pescado, frutas, verduras, granos que no se han procesado, y solo cantidades moderadas de productos lácteos y carnes magras) puede reducir el inicio de la depresión hasta en un 35 por ciento. . Cualquier alimento procesado puede aumentar el estrés oxidativo y provocar la sensación de mal humor. Esto puede no parecer aparente de inmediato, pero si presta atención a los patrones de su vida, puede notar que esto es cierto. Comer comida rápida que ha sido altamente procesada puede generar una sensación de placer, pero solo es fugaz y temporal. La sensación de felicidad y satisfacción que se produce después de comer comida chatarra es solo una ilusión. A corto plazo, puede mejorar su estado de ánimo, pero luego los ingredientes de la comida se descompondrán y se unirán con su cuerpo. Entonces el cerebro tendrá que interactuar con el cuerpo que acaba de absorber combustible de baja calidad. Este proceso de interacciones corporales internas lleva tiempo para mostrar los efectos en el cuerpo y la mente. Esta es la razón por la que puede sentirse lento el día después de comer un montón de alimentos de baja calidad o, después de comenzar una dieta saludable, eventualmente comenzará a sentir ráfagas más comunes de energía y bienestar.

A lo que todo esto se reduce es que, por muy cliché que parezca, es que eres lo que comes (metafóricamente hablando). Para evitar el estrés oxidativo, mantener el equilibrio adecuado de los receptores de serotonina, mantener los antioxidantes y los radicales libres en equilibrio y alinear el proceso de neuroplasticidad para crear neurogénesis en lugar de reducir el hipocampo, hay que tener en cuenta qué combustible que estas poniendo dentro de tu cuerpo

Prestar atención a sus patrones mentales revelará mucha información sobre cómo está funcionando su cerebro. Practicar meditación, aunque solo sea por 5 minutos al día, es tu primera tarea de trabajo práctico que te ayudará a pasar de un estado de pensamiento negativo a un marco mental más positivo. La segunda parte del trabajo práctico también es una práctica diaria, pero puede ser más difícil para algunas personas comenzar a hacer. La segunda tarea del trabajo práctico es cambiar la forma de comer. Este puede ser un desafío muy difícil, pero tenga en cuenta que la recompensa vale la pena.

Antes de continuar y explicar el proceso de cambio de dieta, aquí se necesita un método que no sea de secuencia. No intente alterar demasiadas partes de su estado mental, estado físico o estilo de vida al mismo tiempo. Hacer eso probablemente solo aumentaría el estrés. También llevaría al fracaso. La mejor manera de cambiar un estilo de vida, y realinear su cerebro en un marco más positivo, es introducir el cambio a un ritmo lento y constante. Alterar todo de una vez no es un cambio real, porque no es duradero. Recuerde que la neuroplasticidad toma tiempo para cambiar completamente un paradigma. Si cambias todo de una vez, luego deja de hacerlo (lo cual harás si muerdes más de lo que puedes masticar y te estresas) tu cerebro seguirá en su viejo paradigma. Eso no es un cambio real, sino solo una parodia de transmutación. El cambio real se produce al agregar o restar algo lentamente y continuar agregando o restando más a medida que pasa el tiempo. Seguir ese ritmo producirá un nuevo conjunto de hábitos y descartará los viejos y los no deseados. Comience con la meditación durante 5 minutos al día hasta que se vuelva bueno, o se convierta en un hábito que se realiza sin necesidad de esfuerzo adicional. Después de meditar se ha convertido en un hábito, entonces puede pasar a tratar de cambiar su dieta. Entre ahora y entonces, siga adelante y agregue algunos probióticos a sus rutinas. El simple hecho de agregar probióticos no debería requerir ningún esfuerzo adicional de la misma forma que lo haría al comenzar a meditar o cambiar su dieta.

Cuando esté listo para cambiar su dieta, prepárese para comprometerse y cumplirla. Recuerde siempre que la comida que consume puede provocar placer o disgusto automáticamente a través del sentido del gusto, pero no verá cómo afecta realmente su cuerpo y su mente hasta el día siguiente.

El compromiso de cambiar la forma de comer debe durar tres semanas. Marque en su calendario la fecha que sea exactamente tres semanas después de comenzar. Luego, obtenga un pequeño bloc de notas y marque un encabezado para la fecha actual. Graba todo lo que comes ese día. Al día siguiente, antes de comer cualquier comida, revise la lista de lo que comió el día anterior. Tome notas sobre cómo se siente, bueno o malo, mental y físicamente. Vuelva a hacer esto al día siguiente, y al día siguiente, y todos los días durante las tres semanas completas. Al principio puede notar que se siente más letárgico y que le falta energía. Esto es común cuando alguien cambia su dieta. Cuando el cuerpo solo se usa para obtener un cierto tipo de combustible durante tanto tiempo, y luego ese combustible se cambia, puede confundirse y no usar la misma cantidad de recursos que antes. Después de que pase el pico inicial de cambio, debe notar que los niveles de energía han aumentado, así como la claridad mental y un aumento en el estado de ánimo.

Durante las tres semanas que está cambiando su dieta, primero querrá reducir el azúcar. Si esto es difícil, entonces no altere muchos otros aspectos de su dieta de inmediato. Dale tiempo a tu mente y cuerpo para aceptar el cambio. Después de eliminar el azúcar, comience a reducir los alimentos procesados. En lugar de comer alimentos altamente procesados, comience a reemplazarlos con alimentos fermentados. Cosas como los encurtidos, el miso, el chucrut y el kimchi ayudarán a reducir el estrés oxidativo y a equilibrar las sustancias químicas que interactúan entre el cerebro y el cuerpo. Si desea ir más allá, entonces puede comenzar a reducir su ingesta de productos lácteos, o simplemente eliminarlo de su dieta. Si está viendo resultados positivos (un aumento de energía, un pensamiento más claro y una mejoría más consistente del estado de ánimo), puede dar un gran paso y comenzar a eliminar los granos de su dieta. Tenga en cuenta que esta alteración de su dieta es solo una prueba de tres semanas. Durante esas tres semanas, anotará todo lo que come y cómo se siente al día siguiente. Este registro de alimentos le dará una idea de qué tipos de alimentos le están afectando para bien o para mal. Después de que hayan transcurrido las tres semanas, lentamente puede comenzar a reintroducir los alimentos que ha eliminado de nuevo en su dieta. Mientras reintroduce los alimentos que evitó durante las tres semanas de prueba, continuará haciendo una crónica de lo que come y cómo se siente al día siguiente. Hacer esto le dará aún más información sobre cómo la comida está afectando sus estados mentales, emociones y cambios de humor. Esto puede parecer una gran cantidad de grabación, pero es esencial para entenderse a sí mismo en un nivel más profundo. La selección adecuada de alimentos es muy importante, pero lo que es igual de importante es saber cómo le afecta la comida. Esto no solo aumentará su salud mental y física, sino que iniciará el proceso de concienciación y conciencia de sí mismo.

La mayoría de nosotros puede que no seamos neurocientíficos, pero eso no significa que seamos incapaces de aplicar el método científico de examen en nosotros mismos. Este monitoreo y registro de alimentos puede no ser tan directo como un escáner cerebral, pero aún así le dará una idea de cómo el mundo externo (alimentos) está afectando su mundo interno (su cerebro y su cuerpo).

Practicar meditación, cambiar a una dieta limpia, agregar probióticos, aumentar su comprensión de cómo funciona el cerebro y monitorear los alimentos lo llevarán a un estado mental enraizado en el presente. Estar enraizado en el ahora es estar libre del pasado. Estar arraigado en el ahora es no dejarse llevar por el futuro impredecible. Estar enraizado en el ahora te da el control de AHORA. Cuanto antes comience este proceso, más pronto podrá alinear su cerebro con un estado de neurogénesis, que es el paradigma con el que desea que su mente se sienta cómoda cuando trata de alejarse del marco mental basado en el miedo del estrés, la ansiedad. y depresión.

Siempre tenga en cuenta no tratar de hacer demasiado a la vez. Lo que ciertamente no quieres hacer es engañarte a ti mismo haciéndote creer que estás haciendo mejoras cuando todo lo que realmente estás haciendo es colocar una curita sobre una herida de bala. Cuando se trata de pasar de un estado mental negativo a uno más positivo, lento y constante gana la carrera. La palabra clave allí es "estable". Asegúrese de estar al día con su progreso, incluso si es solo un poco cada día. Equilibrar las sustancias químicas que interactúan entre el cerebro y el cuerpo no es una solución rápida, sino un proceso interno de larga data.

Capítulo 4: Ataques de pánico

Hasta ahora, la información y los consejos que se dan en este libro se han orientado a las personas que desean aumentar sus conocimientos y poner en práctica el trabajo para que su cerebro se vuelva más positivo que negativo. La ansiedad y el estrés pueden sentirse paralizantes, y para algunas personas, es posible que no puedan comenzar a aplicar estas lecciones automáticamente. Una de las condiciones más debilitantes que puede emitir cuando se sufre de ansiedad o casos extremos de estrés es tener un ataque de pánico. Cuando alguien tiene un ataque de pánico, las cosas ya se han desbocado y han pasado el punto de una disertación lógica. Mientras se produce el ataque de pánico, no hay acceso a la persona. Sus nervios están ardiendo demasiado rápido. El sistema nervioso se ha puesto a toda marcha.

Normalmente, cuando alguien se siente muy estresado, el sistema nervioso enviará una serie de comandos al cuerpo desde el cerebro, que son todos inductores de miedo. Aquí es de donde viene la idea de "lucha o huida". Cuando tienen miedo, alguien se retirará del peligro o se mantendrá firme y luchará de una forma u otra. Teniendo esto en cuenta, no todo el miedo es intrínsecamente malo, ya que puede ayudarte a sobrevivir. Sin embargo, cuando se sale de las manos, un ataque de pánico puede surgir de la nada. Normalmente, el sistema nervioso parasimpático intervendrá antes de que ocurra un ataque de pánico y ayudará a regular los niveles internos del cerebro para mantener una apariencia de paz. Sin embargo, cuando el sistema nervioso parasimpático no hace su trabajo correctamente, por cualquier razón, entonces el sistema nervioso puede sobrecargarse y causar pánico.

Hay una parte del cerebro llamada amígdala. La amígdala tiene más que ver con el miedo que cualquier otra parte del cerebro. Otra región, el cerebro medio, es responsable de muchas funciones diferentes dentro del cerebro, incluida la forma en que se percibe el dolor. Los neurólogos provenientes de Londres realizaron un estudio que les reveló una conexión directa entre el cerebro medio, la amígdala y los ataques de pánico. Una parte del cerebro medio llamada gris periacueductal se ilumina cuando el cuerpo comienza a ponerse a la defensiva. Este es probablemente el mecanismo de "lucha o huida" que se activa, pero no funciona como debería. Las formas extremas de defensa, como buscar frenéticamente una ruta de escape o completar la congelación en el lugar, pueden suceder cuando alguien está exagerando. Tenga en cuenta que las personas generalmente no tienen la intención de reaccionar de forma exagerada, pero cuando los mecanismos internos de su cerebro reaccionan de forma exagerada, las acciones corporales que siguen harán lo que el cerebro les dice que hagan. Esto puede considerarse como el mecanismo de defensa natural del ser humano que sufre un mal funcionamiento. Cuando esto vaya demasiado lejos, las defensas se exagerarán hasta el punto de que, en lugar de buscar la defensa adecuada, alguien sufrirá un ataque de pánico.

Actualmente, aunque la neurociencia ha ayudado a determinar por qué ocurren los ataques de pánico, hasta el momento no ha podido dar muchos consejos sobre qué hacer cuando se produce el pánico. A medida que pase el tiempo, se desarrollarán mejores medicamentos para ayudar a aliviar esta enfermedad debilitante, pero ese día aún no ha llegado. Existen varios medicamentos que actúan como inhibidores selectivos de la recaptación de serotonina (ISRS), pero estos tienen sus límites.

Entonces, ¿qué puedes hacer ahora mismo para comenzar a reducir la frecuencia y la intensidad de los ataques de pánico? Una vez más, se recomienda la meditación, y no solo en las páginas de este libro. Los neurólogos mismos recomiendan la meditación más a medida que pasa el tiempo. La meditación puede ayudar a calmar todo, alcanzar la neutralidad y dejar que el estrés salga de los hombros como ligeras gotas de agua de lluvia. Cambiar la dieta también puede ayudar, ya que aumentará el equilibrio químico adecuado en el cerebro y el cuerpo. Aún así, la meditación requiere práctica y cambiar la dieta no tendrá efectos instantáneos. Aunque no se preocupe. Hay otras cosas que puedes hacer.

Su tercer consejo práctico después de un cambio de dieta y meditación es asegurarse de que haga una gran cantidad de ejercicio. El ejercicio puede ayudar a equilibrar las interacciones químicas entre el cerebro y el cuerpo de la misma manera que lo puede hacer una dieta adecuada. Los dos tipos de ejercicio que parecen aliviar la ansiedad más son los ejercicios cardiovasculares y el yoga.

El yoga y la meditación tienen una larga historia juntos. En muchas prácticas, los dos van de la mano. El yoga también promueve movimientos lentos y controlados, que es como quieres que funcione tu cerebro cuando el estrés comienza a hervir en pánico. Quieres que todo se ralentice, especialmente la mente. Si comenzaras a practicar yoga, entonces también puedes comenzar a practicar meditación al mismo tiempo.

El yoga también promueve la idea del control del cuerpo. El control es lo que intentamos captar aquí cuando luchamos contra la ansiedad. Para tomar el control de la ansiedad, debe tomar el control de toda su red interna, tanto mental como física. Al practicar la meditación, estás aprendiendo a controlar el flujo de pensamientos y emociones en tu mente. Al practicar yoga, estás aprendiendo a controlar tus músculos y otras partes más sutiles del cuerpo.

El ejercicio cardiovascular ayudará a quemar la ansiedad de la misma manera que quema la grasa. La neurociencia nos ha enseñado que un factor importante que contribuye a la ansiedad es tener demasiado estímulo para bombardear el sistema humano. Este exceso de estrés también puede manifestarse como un exceso de energía, la energía que hemos absorbido repentinamente del entorno externo con el que nuestros cuerpos y cerebros no saben qué hacer. Cuando este exceso de energía se acumula demasiado, los recursos del cerebro se secarán y no podrán gestionar lo que queda de la energía. Entonces esa energía se convertirá en estrés y, demasiado estrés eventualmente se convertirá en un ataque de pánico. Correr o cualquier otra actividad cardiovascular dará a este exceso de energía una salida adecuada para dejar el cuerpo en lugar de acumularse en cantidades excesivas de estrés.

Otras formas de ejercicio también pueden ayudar. Si practicas un deporte o te gusta bailar, se recomienda que participes en esos pasatiempos aún más de lo que ya lo haces. Si no es la persona más activa del mundo, simplemente pasear por la cuadra es una buena manera de comenzar a aumentar la actividad física en su estilo de vida. No importa exactamente cómo mueves tu cuerpo. Lo que importa es que aumenta los niveles de actividad y comienza a aprovechar el poder del control del cuerpo.

Junto con el aumento del ejercicio, debe tenerse en cuenta que también debería aumentar el descanso. Si no obtiene la cantidad adecuada de descanso, no le dará tiempo a su cuerpo para recuperar toda la energía que ha gastado. Tus músculos no tendrán tiempo de fortalecerse. Tu mente no tendrá la oportunidad de resolver las cosas. Durante el sueño, nuestros cuerpos reparan sus células. Descansar y la cantidad adecuada de sueño ayudará a equilibrar los niveles químicos en el cerebro y permitirá que el subconsciente solucione todo lo que pueda confundir al consciente de sí mismo. Obtener el descanso adecuado es esencial para llevar una vida saludable y restaurar una mente sana. No solo eso, sino que para que tenga lugar la neurogénesis y guíe la neuroplasticidad en la dirección correcta, se necesita dormir. Durante el sueño, el cerebro se repara de la misma manera que el cuerpo. El nuevo tejido cerebral no se desarrollará correctamente sin la cantidad adecuada de descanso. Si comienza a hacer ejercicio, tenga en cuenta que la cantidad de descanso necesaria aumentará.

Otra cosa que recomiendan los neurocientíficos es hablar sobre sus problemas con otras personas. Piense en esto como "descargar el vapor". Saque la negatividad, la ansiedad, de su sistema de una manera segura y constructiva. Los amigos cercanos y familiares son un buen lugar para comenzar a hacer esto. Solo no molestes a todos con tus problemas y escucha lo que tienen que decir también. Lo más probable es que las personas con las que elige hablar tendrán su propia cuota de ansiedad que debe aliviarse. Asegúrese de que estas conversaciones sean una calle de doble sentido. El proceso debe ser recíproco. Si solo una persona está hablando o escuchando, entonces no tendrá lugar una verdadera curación.

Si no se siente cómodo repasando sus problemas con las personas en su vida por cualquier motivo, entonces la psicoterapia es otra opción disponible. Un buen terapeuta no lo juzgará y se quedará callado mientras revisa lo que necesita para desahogarse. Estas sesiones deben ser confidenciales, para que no tenga que preocuparse por los oídos equivocados que escuchan sobre lo que tiene que decir. Un terapeuta también puede ayudar a determinar por qué ciertos estímulos pueden provocar una sensación de preocupación o pánico. De una forma u otra, pueden ayudarte a descubrir más sobre ti mismo. Cuanto más sepa, mayores serán sus posibilidades de tomar el control.

Capítulo 5: Confianza

La neurociencia por sí sola no puede inducir mucho cambio. Como se ha ensalzado repetidamente en este libro, una mentalidad positiva es lo que realmente se necesita para superar la ansiedad y el miedo. Lo que puede hacer la neurociencia es ayudarnos a comprender mejor qué está pasando exactamente dentro de nuestros cerebros.

Teniendo en cuenta cosas como la neuroplasticidad y la neurogénesis, no es difícil ver por qué es tan importante mantener una mentalidad positiva. Cuanto más frecuente permanezca positivo, más probable será que su cerebro altere su paradigma a un estado de satisfacción. Cuanto más positivo seas, menos negativo serás a su vez.

Cuando se trata de ser tímido, la amígdala también está muy involucrada aquí. Puede recordar que la amígdala desempeña el papel más importante en el cerebro cuando se trata de controlar el miedo. Algunos ejemplos típicos de cómo la amígdala puede comenzar a desencadenar una reacción de miedo son: confrontar a alguien que tiene autoridad sobre usted, encontrarse con extraños, interactuar con alguien que es del sexo opuesto, ir a un lugar nuevo y tener que hacer una presentación en Frente a un gran grupo de personas. Como puede ver, cada uno de estos ejemplos es un hecho cotidiano normal y ninguno de ellos implica explícitamente estar en peligro. Esto solo se agrega al argumento de que la timidez es otra forma de miedo, aunque muy débil. Cuando la amígdala haya sido sobrecargada más allá de su capacidad, el resultado será un ataque de pánico. Cuando solo se le molesta un poco, el resultado será la timidez. Para la mayoría de las personas, aunque muchos nunca lo admitirían, la timidez es parte de un patrón recurrente. Este concepto ha ganado tanta fuerza en el mundo de la neurología que este tipo de mentalidad incluso se ha denominado "cerebro tímido".

Ser tímido es una forma de miedo. Por supuesto, es una forma muy leve y no es un problema tan grande. Mucha gente es tímida, y pueden continuar buscando el verdadero amor y vivir una vida plena. Sin embargo, algunas personas están tan abrumadas por la timidez que simplemente no pueden conocer a nadie nuevo, nunca, no importa lo mal que quieran. Esta forma de timidez extrema solo puede corregirse aumentando la confianza.

Para aumentar su confianza en general, es mejor comenzar con poco. Echemos un vistazo a cada uno de los ejemplos anteriores que se dieron y veamos cómo contrarrestar la timidez que aportan con ejercicios de confianza. Considere estos ejemplos como su próxima fase de trabajo práctico.

Enfrentar a alguien que tenga autoridad sobre usted puede ser una tarea muy difícil de comenzar. Si ofendes o incluso molestas ligeramente a esta persona que tiene autoridad, entonces puede estallar en tu cara. Enfrentar a un jefe, un oficial de policía o un juez nunca es una experiencia cómoda. En primer lugar, antes de practicar aumentar tu confianza, no vayas a pelear con nadie, especialmente con alguien que tenga autoridad sobre ti. Lo que puedes empezar a hacer en cambio es tratar de ubicarte en una situación en la que le estás hablando a alguien de autoridad en igualdad de condiciones contigo mismo. Si tiene un jefe o un gerente, trate de encontrar un momento en el que pueda hablar con ellos (brevemente) sin mencionar nada sobre el trabajo. Al principio, solo haz preguntas y deja que hablen. Mientras hablan, asegúrese de mantener los oídos abiertos y escuche cualquier cosa, no relacionada con el trabajo, con la que no esté de acuerdo. No participe en una conversación sobre política, religión o trabajo, pero cualquier otra cosa es un juego abierto. Lo que realmente está buscando mientras los escucha es que digan algo con lo que no están de acuerdo. Una vez que hayas encontrado esa apertura, desafía su opinión con la tuya. Al hacer esto, no discuta con ellos por decir, pero tampoco evite el debate. Mantenga las cosas ligeras y ventosas, pero mantenga su terreno y su opinión. Explica por qué crees que pueden tener una opinión incorrecta sobre algo y luego explica cuál es tu opinión. Si no están de acuerdo contigo, está bien. Lograr que la persona con autoridad esté de acuerdo con usted no es el objetivo de este ejercicio. El punto es mostrarte que eres capaz de desafiar a alguien que tiene autoridad, incluso si se trata de algo que no es muy importante. Si recuerda mantener la conversación alegre, incluso cuando explique su desacuerdo, entonces no debería haber repercusiones. Por supuesto, practica el cuidado sin embargo. Seleccione el momento adecuado para este ejercicio.

Conocer a extraños es otra área donde la gente se vuelve tímida. Lo primero que puede hacer para superar esto es reunirse con personas en grupos. No tienes que seguir solo cuando intentas conocer a alguien nuevo. Pregunte a algunas personas que conoce si hay alguna salida a la que pueda unirse. Si eso no funciona, entonces comience conversaciones ligeras y cortas con las personas con las que se encuentre en lugares donde simplemente ingrese, haga lo que buscó y salga. Un gran lugar para hacer esto es un supermercado o una tienda de conveniencia. Si no hay una larga cola, intente iniciar una conversación breve y amistosa con uno de los cajeros. Un simple cumplido o un comentario sobre el clima es todo lo que se necesita al principio. Aún no estás tratando de hacer nuevos amigos (aunque si eso sucede, sería una ventaja agradable). Todo lo que intentas hacer es comenzar el hábito de hablar con extraños, en un entorno seguro donde mantengas cierto control. Si la ansiedad comienza a acumularse, simplemente puede irse. Otro buen lugar para probar esto es en un bar o restaurante. Al mencionar ir a un bar, no debe tomarse como ir a un bar para recoger a un extraño. Lo que se pretende es tener una breve conversación con el servidor o el camarero. De todos modos, es parte de su trabajo hablar con la gente, por lo que hacen buenas pruebas cuando comienzan a superar la timidez de los extraños. Por supuesto, no intente nada de esto si las personas con las que está hablando están muy ocupadas. En lo que respecta a encontrarse con extraños en la calle, puede ser recomendable evitar ese tipo de interacciones hasta que aumente su confianza primero.

Interactuar con alguien del sexo opuesto es probablemente la forma más común de timidez. Parece que comenzó todo el camino de regreso a la escuela primaria y sigue siendo un problema para muchas personas hasta la edad adulta. Muchas de las técnicas utilizadas para hablar con extraños también pueden aplicarse aquí. Hay dos métodos adicionales que también pueden ser utilizados. Lo primero puede parecer grosero y grosero, pero recuerde que esto es solo un ejercicio de prueba para aumentar su confianza. Intente encontrar a alguien del sexo opuesto que no considere la persona más atractiva y comience una conversación con ellos. No tiene que preguntarles una cita o hacer planes con ellos, pero si no puede hablar con alguien que no le parece atractivo, se desmoronará cuando intente interactuar con alguien que sí le parezca atractivo. El segundo método es el opuesto a lo que se acaba de explicar.

Intenta encontrar a alguien del sexo opuesto que ya consideras lejos de tu liga y comienza a hablar con ellos de todos modos. Antes de hacerlo, tenga en mente la idea de que espera llegar a ninguna parte con ellos. Esta es una forma de utilizar la psicología inversa en ti mismo. Sea demasiado dramático con sus suposiciones antes de hablar con la persona atractiva. Continúa y asume que no te darán la hora del día. Si estás en lo correcto y te descartan rápidamente, ese es el final de la interacción y ya tienes lo que querías de ellos, que es práctica y experiencia. Luego haz lo mismo con otra persona, y con otra. Si mantiene el estado de ánimo que solo está practicando, entonces incluso si es rechazado, ¿y qué? ¿A quien le importa? La aceptación y el rechazo no son de lo que se trata. El punto es practicar no ser tímido. Además, si habla con suficientes personas que encuentra atractivas y aumenta su confianza con el tiempo, entonces una de esas personas atractivas terminará queriendo conocerlo mejor. Es una simple cuestión de probabilidad y naturaleza humana. A medida que se sienta más cómodo haciendo esto, su confianza aumentará, ya que la confianza a menudo se ha descrito como un rasgo atractivo.

Ir a un nuevo lugar es otra cosa que puede hacer en grupo y no tener que aventurarse solo. Si desea ir solo, seleccione una ubicación cercana al lugar donde vive. Elija un lugar que solo requiera una breve visita. Pruebe una nueva tienda o un parque al principio. Solo desea ir a la nueva área, empaparse y luego salir. Cada vez que visite una nueva ubicación, prolongue un poco más el tiempo que pasa allí.

Dar una presentación es el gran desafío en esta agrupación de consejos prácticos. Cuando se trata de dar una presentación, hay tres cosas que recordar. La primera es que es mejor que sepas lo que estás presentando. Si no tiene conocimiento sobre el tema, entonces ser tímido no es realmente de donde proviene su falta de confianza. Simplemente aumentar su conocimiento sobre lo que está presentando aumentará su confianza. Lo segundo que hay que hacer antes de dar una presentación es ver a otros presentadores hacer su trabajo. Vaya a un seminario sobre un tema sobre el que desee obtener más información. Mira algunos videos en internet. Párate frente a un espejo y preséntate a ti mismo. Póngase cómodo viendo a otros hacerlo antes que usted. La tercera cosa acerca de dar una presentación es simplemente hacerlo. Hay algunas cosas en la vida donde el mejor método es simplemente saltar directamente a la piscina. Si observas a otras personas de antemano, practicas en un espejo y sabes de lo que estás hablando, entonces las cosas deberían ir bien. Sin embargo, si las cosas no van bien, no te desanimes. En su lugar, haga una lista de cuáles fueron nuestros errores y luego haga una lista separada de cómo mejorarlos.

Cuando se trata de aumentar la confianza, la experiencia es el mejor maestro. También debe recordar que el fracaso es una parte natural del proceso. Cometer un error o no hacer algo correctamente, ambos son perdonables. Sin embargo, si no sigues intentando, entonces la negatividad ha ganado. Si sigues intentando, la positividad eventualmente ganará.

Capítulo 6: La ciencia de la perspectiva.

La perspectiva es todo y todo está en perspectiva. A lo largo de todo este libro, la idea de pensar positivamente ha sido exaltada y promovida. Como se señaló al cubrir la neurogénesis y la neuroplasticidad, el pensamiento positivo es esencial para superar la ansiedad. A estas alturas, debes entender que esto no es solo una filosofía, sino que es un hecho científico que la manera en que piensas determinará la manera en que actúa tu cuerpo. No hay mucho más para agregar que aún no se ha dicho. Para salir de un estado de ánimo propenso a la ansiedad y la depresión, debe cambiar la forma en que funciona su mente. Para ser menos negativo, debes ser más positivo. Es por eso que se han dado tantos consejos prácticos en este libro, para que sepa cómo pasar de una perspectiva negativa a una más positiva. Para mayor comodidad, se ha compilado un breve compendio de los consejos. No dude en consultarla en cualquier momento que necesite un recordatorio.

Sinopsis de los consejos

Meditación: La meditación te enseña a centrarte en el aquí y el ahora. Te puede ayudar a ser consciente del momento presente. Puede ayudar a ralentizar su mente y atrapar la ansiedad antes de que comience a aparecer. También puede inculcar disciplina. En lo que respecta a la neurología, la meditación puede ayudar a que su mente tenga un equilibrio adecuado activando las redes intrínsecas y extrínsecas. Esto puede provocar un estado de neutralidad en el que estarás en paz, incluso si la ansiedad intenta arrastrarse debajo de tu piel.
Ejercicio: Esto puede quemar la negatividad de tu ser. También ayudará a aumentar la confianza a medida que se vuelve más saludable y puede hacer más ejercicio. Se recomiendan los ejercicios de yoga y cardio. El ejercicio también ayudará a equilibrar sus niveles de energía.

Honestamente, no hay inconveniente en hacer ejercicio. Si no lo has hecho mucho antes, comienza de a poco y aumenta la intensidad poco a poco. Además, debes saber que ya que el ejercicio consumirá energía, hará que el resto sea más fácil.

Descanso apropiado: debe descansar si el cuerpo y el cerebro deben repararse a sí mismos. Ver que la ansiedad puede evitar que alguien obtenga un descanso adecuado, puede ser una buena idea combinar algunas de estas otras técnicas con un descanso adecuado. Medita antes de acostarte y visualízate durmiendo profundamente. El ejercicio y el descanso ya están conectados. Si haces una, la otra debe seguir naturalmente. Comer una dieta adecuada y no comer mucho antes de irse a la cama también ayudará a que el descanso sea más fácil.

Dieta adecuada: El combustible que coloca dentro de su cuerpo es de suma importancia. Los alimentos procesados y los azúcares refinados pueden hacer más daño que bien. Ingerir demasiadas de estas cosas puede causar estragos en el tracto gastrointestinal y hacer que la ansiedad sea más probable. Cambiar a alimentos fermentados es una mejor alternativa cuando se trata de evitar la ansiedad. Además, si inculca la disciplina para comer el tipo correcto de comida, debe sentir un aumento de confianza.

Aumentar la confianza: lea nuevamente el capítulo sobre cómo aumentar su confianza. Prueba los ejercicios. Además, busque otras fuentes de información para aumentar su confianza. Hay muchos oradores motivacionales por ahí, así como líderes espirituales, expertos y un montón de otras personas para aprender. Mire a su alrededor lo que otros tipos de personas tienen que decir sobre el aumento de su confianza. Seguramente, habrá una personalidad, una presentación y una voz que resuenen con usted.

Afirmaciones: Al principio de este libro, se dijo que repetir afirmaciones no serviría de nada. Para ser justos con el concepto de afirmaciones, funcionan bien como complemento de otras técnicas. Aún así, por sí solos, no verás mucho cambio en ellos. Si solo estás utilizando afirmaciones y nada más, entonces tendrás que repetir la frase alrededor de un millón de veces antes de que realmente empiece a penetrar y alterar la química de tu cerebro. Como un solo dispositivo independiente, las afirmaciones tardan demasiado en funcionar. Después de mejorar en la meditación, puede agregar afirmaciones a su práctica. Cuando te vuelves lo suficientemente bueno en la meditación para incluir afirmaciones, entonces realmente puedes comenzar a ver un aumento en la confianza.

Visualizar: Comience la práctica de pensar visualmente tan pronto como pueda. Antes de hacer cualquiera de los ejercicios de confianza, imagínate lograr el éxito. Antes de comenzar una nueva rutina de ejercicios, visualícese con el cuerpo que tiene ahora ... luego deje que la imagen se desvanezca ... y luego imagine el cuerpo que desea tener. Pensando visualmente y meditando, estos son conceptos entrelazados. Si tienes problemas para pensar en imágenes, continúa practicando la meditación hasta que te vuelvas mejor. La razón por la que pensar visualmente es tan importante es debido a la neuroplasticidad. Sabemos que el cerebro puede cambiar para bien o para mal. Si le damos al cerebro una imagen clara para apuntar, entonces el proceso de neuroplasticidad tendrá un camino aún más claro para conducir.

Espero sinceramente que los consejos e información en este libro te ayuden a alcanzar tus metas. Recuerde que el proceso de neuroplasticidad toma tiempo para funcionar, pero el tiempo y el esfuerzo valen la pena. Además, tenga en cuenta que todos los consejos de este libro son para trabajar juntos, incluso si los introduce lentamente uno por uno.

Para terminar este libro, se tomará un enfoque ligeramente diferente. El capítulo dedicado a la meditación y la sinopsis en este capítulo no le da a la técnica la justicia adecuada que merece. A menos que haya sido capaz de colocarse en un trance durante un período prolongado, realmente no sabe cómo puede transformarse la vida en una práctica. Para cerrar este libro, se dará un último consejo sobre la meditación.

Mediar en una frase de palabras puede revelar una comprensión profunda que debe experimentar para que usted mismo la comprenda. No diré más sobre eso que eso. Si tienes un libro religioso que aprecias o cualquier otro texto escrito, elige una frase para meditar. Repita cada palabra lentamente mientras realiza la respiración 5 veces. Si no tiene un libro o una frase a la mano, intente meditar en este:

"Vacia tu mente. Sé sin forma. Sin forma - como el agua. Ahora ponga agua en una taza. Se convierte en la copa. Lo pones en una botella, se convierte en la botella. Lo pones en una tetera, se convierte en la tetera. Ahora el agua puede fluir o puede golpear."

Estas son las palabras de Bruce Lee. Puede que no haya sido neurólogo, pero imagínese lo que los neurocientíficos podrían haber aprendido si hubieran estudiado el cerebro de un hombre como él. Medita en sus palabras y recuerda que tu cerebro es una taza, y que los estímulos que fluyen desde el mundo externo son el agua.

Conclusión

El siguiente paso es colocar este libro y hacer una lista de todo lo que se ha recomendado. Busca comenzar una práctica de meditación más temprano que tarde. Haga una nota mental de que va a comenzar a alterar la forma en que come. Recuerde hacer una crónica de cómo cambian sus estados de ánimo junto con su dieta alteradora. Comience a hacer algo de ejercicio, ya sea en forma de yoga o de ejercicio cardiovascular. Empieza a tomar probióticos. Trate de permanecer enraizado en el ahora en lugar del pasado o futuro desconocido.

Por encima de todo, recuerda que lo que realmente estás tratando de hacer es pasar a una mentalidad positiva. Para dejar atrás la ansiedad, tienes que dejar atrás el miedo. Para dejar atrás el miedo, debes apartarte de la negatividad. Además, recuerde que la única manera de realmente hacer este cambio es poner en el trabajo práctico que está enraizado en la realidad. La neurociencia, si no otra cosa, es una visión profunda de la realidad de nuestros cerebros. Todavía nos queda un largo camino por recorrer antes de que sepamos todo lo que hay sobre el cerebro humano, pero el futuro de la neurociencia es ciertamente más positivo que negativo.

Parte 2

Introducción

En este libro destaparás, descubrirás y librarás batalla contra tus demonios y sentimientos ocultos. Ya no tendrás miedo de una determinada situación o escenario. Por primera vez en tu vida, te liberarás de la ansiedad, pánico y esa sensación de desesperanza que siempre has sentido. Comenzarás abordando la raíz de estos problemas y enfocándote en tus sentimientos internos. Después de que hayas desafiado tus emociones, se te mostrarán algunas técnicas sorprendentes para finalmente eliminar tu ansiedad para siempre.

Todo lo que se muestra en el libro no es de un escritor que recompiló información de búsquedas en internet. Nick personalmente experimentó y soportó todo lo que estás sintiendo ahora. En un momento dado, no abandonó la casa durante 2 años debido a su ansiedad paralizante. Todo el contenido que verás, son cosas que él descubrió de la manera más difícil, a través de años de ansiedad y lucha lenta, pero se liberó y ahora vive una vida libre de agorafobia.

Todo aquí escrito es completamente natural y completamente libre de medicamentos. No necesita ningún medicamento para la ansiedad si lo aborda de esta manera. Puede ser difícil al principio, pero a la larga te sentirás agradecido. Las técnicas y prácticas internas son lo que Nick ha usado para eliminar la ansiedad en su vida, lo que le ha llevado a una vida más feliz.
Nick no ha usado drogas ni medicamentos para curar o enmascarar la ansiedad que experimentó, todo se hizo de manera natural y ética. Hoy en día, los médicos distribuyen medicamentos a las personas como una solución temporal a lo que están experimentando, sin abordar realmente la causa raíz de todo esto. Si está buscando una solución rápida a sus problemas, desafortunadamente este libro no es para usted ... pero si desea finalmente liberarse de la ansiedad y vivir una vida de paz,

¡continúe leyendo!

Capítulo 1: La Ansiedad Explicada

La ansiedad para algunas personas puede ser una experiencia paralizante donde se siente como si el mundo se los tragara por completo. Para otras personas, la ansiedad es un poco de pánico la noche antes de un examen o justo antes de comenzar una prueba de manejo. De una forma u otra, todos hemos experimentado una forma de ansiedad o pánico en nuestra vida. Sin embargo, para unos pocos desafortunados (18% de la población estadounidense para ser exactos), la ansiedad es un factor constante en sus vidas y solo un tercio de ese 18% recibe tratamiento. Para esos pocos elegidos, la ansiedad es una vida llena de preocupación, pánico, dolor y temor constantes, y al final sucumben mucho a las drogas o, lamentablemente, se quitan la vida.

¿Qué es la ansiedad y cómo nos afecta mental y físicamente? La ansiedad explicada brevemente es la sensación de nerviosismo, preocupación o inquietud sobre una cosa o situación en particular.

Hay una gran cantidad de trastornos de ansiedad reconocidos y si me sentara aquí a escribirlos, ¡estaría aquí para siempre! Con todo, hay alrededor de 6 tipos de ansiedad que podemos asociar.

Trastorno de ansiedad generalizada

Las personas con este tipo de ansiedad, tenderán a sentirse ansiosas todo el tiempo y se preocuparán por lo más mínimo. La mayoría de las veces ni siquiera saben por qué están ansiosos y lo más común es que esperen ansiedad al día siguiente. Los síntomas físicos de GAD (por las siglas en ingles de trastorno de ansiedad generalizada) a menudo surgen como insomnio, malestar estomacal, fatiga e inquietud.

Ataques de pánico (trastorno de pánico)

Los ataques de pánico son donde las personas se sienten ansiosas y desesperadas a lo que sigue un ataque, generalmente son inesperadas y ocurren con frecuencia. Es más común en personas que tienen agorafobia (miedo a los espacios abiertos) y claustrofobia (miedo a los espacios cerrados).

Fobias

Una fobia es un miedo irracional a cierto objeto, cosa, animal, persona o situación. Las fobias más comunes son a las alturas, arañas, payasos y serpientes. Normalmente, en circunstancias extremas, una persona evitaría lo que le produzca la fobia a toda costa.

Trastorno obsesivo-compulsivo (TOC)

Las personas con TOC tienen pensamientos y / o comportamientos incontrolables. Hacer cosas como lavarse las manos varias veces o golpear la manija de una puerta 3 veces antes de ingresar a una habitación. Si tiene TOC, tenderá a obsesionarse con ciertas cosas, como apagar todas las luces antes de acostarse o asegurarse de que el horno esté apagado.

Desorden de ansiedad social

La ansiedad social es el temor de estar en público o alrededor de un grupo grande de personas, como en centros comerciales o en restaurantes. Normalmente, una persona con ansiedad social evitará reuniones sociales. Cuando una persona experimenta ansiedad social, por lo general teme que se presenten situaciones o escenarios embarazosos.

Trastorno por estrés postraumático (TEPT)

El trastorno por estrés postraumático o trastorno de estrés postraumático es una forma de ansiedad donde la persona ha experimentado un evento de vida doloroso y traumatizante. Similar a un ataque de pánico, el trastorno de estrés postraumático puede incluir escenas retrospectivas (recuerdos), pesadillas y evitar ciertas situaciones relacionadas con el evento traumatizante original. Por lo general, el trastorno de estrés postraumático es más común en soldados o víctimas de accidentes de tráfico.

Como puede ver, hay una gran cantidad de diferentes Ansiedades que alguien podría experimentar. Es bastante común que una o dos formas diferentes de ansiedades se combinen, como la agorafobia y la ansiedad social. Reconocer en qué tipo cae tu ansiedad es el primer paso para tomar el control de tu vida y liberarte de la ansiedad.

La ciencia detrás de la ansiedad

Cuando hablamos de ansiedad, nunca nos detenemos a pensar sobre la razón o la ciencia detrás de lo que nos está sucediendo. Sabemos que simplemente nos sentimos "ansiosos" y quizás nos sentimos enfermos, sudorosos, fríos y tengamos dolores en el pecho. Entonces, ¿qué sucede exactamente dentro de nuestro cerebro y cuerpo para sentirnos como lo hacemos?

Estás a punto de salir por la puerta y, de repente, te golpea un ataque de pánico. ¡Tu corazón comienza a bombear más rápido, tus manos comienzan a temblar, empiezas a respirar más rápido y sientes que el mundo te está tragando! ¿Qué pasa en tu cuerpo cuando esto ocurre?

Bueno, hay una parte de nuestro cerebro llamada la amígdala y está conectada al sistema límbico que controla las emociones (miedo, enojo, etc.), el comportamiento emocional y la motivación. la amígdala le dice al hipotálamo que prepare el cuerpo para una respuesta de correr o pelear. Esto hace que nuestros cuerpos liberen epinefrina, lo que aumenta el ritmo cardíaco y la presión arterial. Nuestro sistema nervioso comienza a sobrecargarse,es entonces cuando empieza a manifestarse el ataque de pánico.

Anatomía del cerebro

Lóbulo frontal
Lóbulo parietal
Lóbulo occipital
Lóbulo temporal
Puente tronco-encefálico
Cerebelo
Bulbo raquídeo

Sistema límbico
Circunvolución cingulada
Tálamo
Fondo de saco
Amígdala
Hipocampo
Circunvolución del hipocampo

Como puedes ver, no hay poderes mágicos ni seres externos que jueguen con tus emociones, todo depende de nuestro propio cerebro y cuerpo. ¡Todo es ciencia y lógica y definitivamente no estás imaginando cosas!

Capítulo 2: Abordar la causa raíz

Para comprender su ansiedad, primero debe establecer sus orígenes. Piense en la ansiedad como una enfermedad o un virus. Cuando los científicos intentan encontrar una cura para una enfermedad o virus en particular, primero intentan encontrar el huésped o portador original. Una vez que encuentran el origen de la infección, pueden proceder a entender contra qué están luchando para crear una vacuna. Lo mismo ocurre con nuestra ansiedad, necesitamos establecer la causa raíz del por qué sentimos lo que hacemos.

La mayoría de las personas solo dirán "Siempre he tenido ansiedad, nunca ha habido un momento en el que no haya tenido ansiedad". Cuando de hecho hubo un momento en el que estabas libre de ansiedad al menos una vez. Siempre hay un desencadenante o catalizador que inicia los sentimientos de ansiedad. Te dejó tu pareja, se murió un pariente, un encuentro con un payaso, una araña, etc.

Simplemente no lo has pensado bien o estás enterrando subconscientemente el recuerdo. De una forma u otra hay un evento que desencadenó todo. Este capítulo va a abordar este tema.

Este libro constará de tareas prácticas y de la teoría que está detrás de su ansiedad. Este capítulo será uno de los capítulos prácticos. Lo que tendrás que hacer es, agarrar bolígrafo y papel o una libreta en la computadora. Luego tratarás de pensar lo más atrás que puedas. Piensa en cuando comenzó todo. Primero comienza con tu primer recuerdo, el momento en que las cosas estaban libres de ansiedad. Ábrete camino a través de los recuerdos hasta que llegues al punto en que tengas recuerdos de ansiedad y pánico.

Una vez que puedas señalar el momento en que pasas de los recuerdos sin ansiedad a los recuerdos con ansiedad, es cuando necesita pensar mucho. Para algunas personas es muy fácil de hacer. Tal vez tengan un recuerdo traumático o un recuerdo triste alrededor de ese tiempo. Para otros, podría ser un recuerdo realmente insignificante que nunca antes se les había ocurrido. Esta parte puede llevarle algo de tiempo, pero intente perseverar y piense todo lo que pueda en el momento de la transición hacia los recuerdos ansiosos.

Escribe lo que puedas recordar y, una vez que hayas anotado algunos recuerdos, revísalos lentamente y observa si hay algo que sobresalga para ti. Una vez escritas, las cosas tienden a ser más claras y ves cosas que normalmente no verías. El tipo de ansiedad que experimenta, generalmente se correlaciona con una cierta situación que ha experimentado. El autor de este libro, Nick, tenía Agorafobia y ansiedad social, y la lista a continuación es lo que escribió y encontró cuando estaba haciendo este ejercicio exacto.

- **Primer recuerdo** - Divertirme y jugar con mis amigos cuando era niño.
- **Un recuerdo antes de que llegue la**

ansiedad. - Permanecer despierto toda la noche y relajarme con amigos cuando era adolescente.

● **Alrededor del tiempo en que llegó la ansiedad.** - Estaba de vacaciones y estaba cerca de no llegar al baño a tiempo cuando viajaba en un auto.

● **Alrededor del tiempo en que llegó la ansiedad** - En la escuela alrededor de un montón de gente y cerca de no llegar al baño otra vez.

● **Recuerdos de la ansiedad** - Los ataques de pánico antes de ir a la escuela y sentir que no valía nada.

Como se puede ver en la lista; los recuerdos experimentados son quizás suficientes para que una persona en particular comience a experimentar ansiedad. Cada persona es diferente y tus propios recuerdos pueden ser completamente diferentes a los de alguien más. Es posible que haya tenido un encuentro aterrador con un payaso cuando era pequeño y ahora tiene una fobia a los payasos, mientras que alguien más ama absolutamente a los payasos. Cuando revises tus recuerdos, asegúrate de ser sincero con todo lo que escribas, ¡porque este es un paso importante para vencer tu ansiedad!

Cuando descubres una determinada situación en la que recuerdas y reconoces que es un posible desencadenante de tu ansiedad. Esta será tu causa raíz. Toda la ansiedad que sientes ahora proviene de una o dos experiencias que has tenido. Para el autor fue la situación en el auto y luego, cuando surgió la situación escolar, comenzó la ansiedad. Fue la combinación de situaciones lo que provocó su ansiedad. Para ti puede haber sido solo una o quizás una combinación de tres. Nunca descarte un recuerdo hasta que esté seguro de haber encontrado su propia causa raíz.

De aquí en adelante se volverá emocionalmente difícil en algunos momentos, solo recuerda una cosa:

Las cosas se volverán difíciles y difíciles de

entender, pero piensa en tu vida sin dolor, temor y ansiedad.

Una vez que hayas descubierto tu causa raíz ahora es el momento de pensar cómo te sentiste en ese momento. Piensa en cómo te sentiste entonces y en lo que estás sintiendo ahora. Analiza cada detalle que puedas recordar y escríbelo todo. Escribir tus emociones es una herramienta fantástica para descubrir cosas sobre ti mismo y comprender un poco más tu forma de pensar.

Dirigiéndose a sus desencadenantes

Ahora que ha establecido la posible causa raíz de su ansiedad, es hora de abordar sus factores desencadenantes. Un desencadenante explicado en breve es un momento, un objeto, una situación en la que desencadena un ataque de pánico. Algo así como jalar la cadena del baño en el agua, tan pronto como jale la cadena, comienza salir agua del tanque. Lo mismo es para tu ansiedad también; Dependiendo del tipo de ansiedad que tenga, su desencadenante podría ser completamente diferente al de otra persona.

Toma lápiz y papel nuevamente y esta vez escribe todas las veces que has estado ansioso o que ha tenido un ataque de pánico a lo largo de tu vida. Esta será tu lista de desencadenantes. Cada vez que tengas un nuevo ataque de pánico, escríbalo en la lista. Eventualmente, deberás tener una buena lista de situaciones y un momento exacto donde se haya desencadenado tu ansiedad.

Además de tu lista de desencadenantes, deberás tener la lista de los recuerdos que repasaste en el capítulo anterior. Lo que debes hacer ahora es mirar tu lista de desencadenantes y tu lista de recuerdos y correlacionar cualquier similitud o diferencia. Si sus desencadenantes coinciden o son similares con cierto recuerdo, simplemente encierre en un círculo ese recuerdo. Una vez que hayas terminado y tengas un recuerdo encerrado en un círculo. Este es definitivamente la causa de tu ansiedad.

Ahora que conoces tu causa raíz, puedes abordarla con claridad y no sentirte frustrado, por primera vez tienes la razón por la que estás ansioso. El beneficio adicional de conocer sus desencadenantes, es que puede evitar esa situación nuevamente. Esto permite evitar el malestar hasta que esté listo para enfrentarlo nuevamente.

Capítulo 3: Estimulantes y controladores de ansiedad

Al igual que la ira y la depresión, la ansiedad tiene la capacidad de manifestarse en función de la situación o los sentimientos que encuentre en su vida diaria. Cuando te estresas en el trabajo o te peleas con tu pareja. Puedes sentir que tu ansiedad aumenta lentamente y eventualmente tienes un ataque de pánico o te retraes a tu zona de confort. Tomemos, por ejemplo, una persona alérgica a la picadura de las abejas. Cuando nos pican, nuestro cuerpo entra en marcha y trata de defenderse de la picadura. Lo mismo ocurre con nuestra ansiedad, nuestras emociones se saturan y reaccionan de forma exagerada ante la situación.

Esta es la razón por la que cuando intentamos combatir la ansiedad, necesitamos eliminar cualquier estimulante o factor contribuyente que lo empeore. Nick tuvo que eliminar el estrés de su trabajo actual y dejar de jugar. Desafortunadamente, descubrió esto de la manera más difícil cuando todo era desesperante y estaba por colapsarse. Así que decidió hacerse cargo y reorganizar su propia vida, que a cambio lo hizo sentir menos ansioso.

Toma esto como ejemplo. Nick siempre se ponía ansioso y se asustaba ante la idea de viajar al extranjero en sus vacaciones anuales, ¡hasta las vacaciones más recientes! Normalmente, el día del viaje no comía nada, siempre iba al baño a vomitar. Luego, al llegar al aeropuerto, tenía al menos un ataque de pánico y tenía que realizar los ejercicios que se explicarán con más detalle más adelante en este libro. Finalmente, cuando llegaba a su destino, se desplomaba en la cama por el agotamiento mental.

Después de eliminar los estimulantes mencionados y durante los años de terapia de exposición, estas vacaciones fueron diferentes. La mañana del viaje, logró comer y mantener las cosas bajo control. Una vez que llegó al aeropuerto, no tuvo ni un ataque de pánico. Notó un cierto cambio en sus niveles de ansiedad. Sorprendido, comenzó a analizar todo lo que había hecho para que esto sucediera, porque por primera vez en su vida desde que se produjo la ansiedad ... ¡finalmente tenía el control de sus emociones! Incluso los miembros de su familia y su novia notaron la diferencia y se sorprendieron de lo bien que lo hizo.

Esto no fue una coincidencia. Los años de diferentes remedios, prácticas e ideas, todo lo que llevó a "consolidar" realmente estas cosas, por así decirlo, fueron deshacerse de los diferentes factores de estrés y agitadores. Antes de continuar con este libro, le recomendamos que se dirija a sus propios agitadores. Cuando creas un ambiente libre de estrés y sin agitadores, te estás ayudando a crear el escenario perfecto. ¡El escenario perfecto para aplastar tu ansiedad y finalmente **liberarte**!

Algunos de los estimulantes bien conocidos son los siguientes:

- Estrés laboral
- Estrés familiar
- Estrés de relación
- Estrés del vecindario
- Estrés general (facturas, alimentos, etc.)
- Ira
- Estrés por tráfico

Los puntos anteriores son los principales culpables de que su ansiedad empeore a largo plazo. Si puede hacer todo lo posible para eliminar estos factores, hará su vida diez veces más fácil y finalmente liberarse de la ansiedad será una opción.

Manejo del estrés y sus estimulantes

Relajarse es uno de los principales factores para reducir el estrés. Ahora se le mostrarán algunas formas en que puede contener el estrés en su vida y sentirse más relajado.

Comprar una mascota

Mientras crecía, Nick tenía 4 gatos que amaba y ayudaba a cuidar. Durante este tiempo fueron una gran fuente de consuelo. Actuaron como una especie de manejo del estrés. Mientras miraba televisión, uno de ellos normalmente saltaba y se acurrucaba en su regazo mientras ronroneaba. Una vez comenzaba a acariciar sus pequeñas y peludas espaldas, toda la ansiedad simplemente desapareció y por un momento liberaba el estrés acumulado.

Ya sea un perro o un gato, la compra de una mascota puede mejorar enormemente el manejo del estrés. Además de agregar una estructura a su vida diaria, las mascotas tienden a vivir en el momento y no se preocupan por nada. Agregando el hecho de que, si tratas bien a un perro o gato, siempre serán leales y te amarán sin importar lo que pase.

Escuchar música

Quizás uno de los métodos favoritos de

Nick es la música. La música tiene el poder de afectar la forma en que actuamos, pensamos y sentimos, y mucha gente cree que la música puede convertirse en parte del alma. Al escuchar diferentes tipos de música podemos manipular la forma en que pensamos y sentimos emocionalmente.

Al escuchar un ritmo lento, como una pieza clásica, una canción de jazz o una canción de blues. Puede disminuir la velocidad a la que se procesan sus pensamientos y, a cambio, su cuerpo se relajará. O si se siente deprimido, puede escuchar géneros alegres como la Pop o Dance. En lo que respecta a la ansiedad, tendrás que escuchar canciones lentas y tranquilas. Hay muchas pistas de música tranquila en YouTube que puedes escuchar.

La música también es una gran técnica de distracción, que se mostrará más adelante en el libro. Incluso si solo escuchas tu canción favorita, la música puede ser una excelente manera de desconectarte del mundo por unos minutos, simplemente sentándote con los auriculares puestos y relajándote. Nunca subestimes el poder de la música y su efecto sobre tu estado de ánimo.

Meditación

A través de los años, la meditación se ha utilizado para enfocar, despejar la mente y perseguir el estado de Nirvana. Normalmente utilizada por los monjes budistas, la meditación es una práctica en constante crecimiento que ahora con respaldo de la ciencia se usa en todo el mundo. Nick usa la meditación combinada con los otros métodos del libro para relajarse y reducir su ansiedad excesiva.

A continuación, se le mostrará el método que Nick utiliza para meditar y relajarse.:

1. Comienza por encontrar un lugar cómodo para sentarse y donde no haya distracciones. Apaga la televisión, el computador y el teléfono.

2. Si estás limitado de tiempo, configura una alarma de reloj en 10 minutos para comenzar. (normalmente es mejor no configurar una alarma e ir con el flujo).

3. Una vez que estés listo, cierra los ojos.

4. Respira profundamente hasta que no puedas más. Mantén la respiración durante tres segundos y exhala lentamente. Repite tres veces. Cada vez que lo hagas quiero que comiences a relajar cada vez más tu cuerpo. Cada respiración te va a enfocar en la respiración misma.

5. Una vez que te hayas relajado y hayas terminado tu respiración profunda, ahora es el momento de concentrarse en el momento presente.

6. Ahora concéntrate en como tu estómago sube y baja con cada respiración, cada vez que suba, reconocerás que está subiendo. Así que dirás en tu mente, subiendo, subiendo, subiendo. Volverás a hacer lo mismo cuando tu estómago baje; bajando, bajando, bajando. Todo el tiempo te estás enfocando en nada más que en tu

estómago.

7. Has esto durante 10 minutos o tanto como puedas. De vez en cuando pensarás en algo diferente. Reconoce que acabas de pensar en algo y regresa a notar como tu estómago sube y baja.

8. Digamos que tienes una picazón. En lugar de rascar esa zona. Reconocerás que pica y te dirás a ti mismo que esto es una picazón, luego enfócate en esa picazón y repite mentalmente pica, pica, pica; hasta que desaparezca. Luego te concentrarás de nuevo en tu estómago subiendo y bajando.

9. Llegará a un punto en el que te centrarás constantemente en el estómago, esa sensación es indescriptible. Te convertirás en una mente tan clara y en el momento presente.

Si realiza este ejercicio la mayoría de las veces, comenzará a sentirse más relajado y concentrado en su vida diaria.

Pasar un tiempo a solas

Hoy en día, siempre estamos interactuando con otras personas, ya sean colegas, clientes, extraños o familiares. ¿Puedes recordar la última vez que estuviste solo por más de 15 minutos y te relajaste? A pesar de que los humanos son criaturas muy sociales y de hecho prosperamos al estar cerca de otros, necesitamos algún tipo de tiempo a solas en un momento u otro.

Hay muchas maneras en las que puedes lograr un tiempo solo, a continuación, te mostraré algunas formas en que puedes lograrlo.

- Da un paseo y explora la naturaleza. Puede ir a su estanque o bosque local y pasar un tiempo desconectado del mundo por un tiempo. Esta es una excelente manera de respirar un poco de aire fresco y de lograr esa calidad en el tiempo que estás buscando.
- Tener un buen baño de burbujas o una ducha caliente. Cualquiera que sea su

preferencia, programe 30 minutos para usted mismo donde pueda cerrar la puerta, ponga una vela y deje que su mente y su cuerpo se relajen.

- Busca un pasatiempo o arte que puedas hacer solo. Hay una gran cantidad de cosas que puedes hacer para realizar por tu cuenta. Además de aprender una nueva habilidad, también logras el tiempo de calidad que buscas. Cosas como rompecabezas, ajedrez, juegos, jardinería y tejido de punto pueden ser excelentes formas de relajarse.

Cuando aprendas a sentarte y relajarte, empezarás a ver cómo mejora tu ansiedad y esto ayudará a realizar los ejercicios que se muestran en el libro.

Dolores y manejo del dolor de la ansiedad

A veces, estar ansioso todo el tiempo puede hacer que tu mente se sienta agotada, ¡pero también tiene un efecto en tu cuerpo! En esta sección se mostrarán brevemente algunas formas excelentes para aliviar los dolores y molestias de una vida de ansiedad y pánico.

Magnesio

El magnesio es un mineral utilizado por nuestro cuerpo para regular ciertas reacciones bioquímicas como la función muscular, nerviosa y el control de la glucosa. Puede obtener un poco más de magnesio en la ingesta de aceites naturales, suplementos o, para obtener los mejores resultados, use "Chelated Magnesium". Siempre asegúrate de no tomar demasiado magnesio, ya que podrías terminar con un subiendo de peso en el área estomacal.

Baños de sal inglesa

Otra gran manera de aliviar su cuerpo de los dolores y molestias que está experimentando es tener un buen baño caliente lleno de 2 tazas de sal inglés. Prepare el baño lo más caliente que pueda y agregue las 2 tazas de sales, entre, relájese y permanezca durante 20 a 30 minutos, puede agregar un poco de lavanda al baño.

Masajes y spa

Tal vez un poco más costoso que las otras alternativas, los masajes profundos y los días de spa pueden hacer que se sienta relajado y le ayude a deshacerse de los molestos dolores y molestias que siente.

Estirarse

Al estirar todos los días estás trabajando los músculos para ser más flexible y cálido. Esto permite que los músculos se relajen y se vuelvan menos dolorosos con el tiempo.

Capítulo 4: Autoestima y confianza

Quizás la mayor consecuencia de la ansiedad sea la baja autoestima y la confianza que se siente a diario. Asegurarse de abordar la ansiedad correctamente, es tratar primero con su confianza y autoestima. Este es quizás uno de los principales contribuyentes para que Nick supere su ansiedad y finalmente se libere del control que la ansiedad tenía sobre él.

Tal vez te digas a ti mismo: "Oh, no, no podré hacer eso" O "No puedo ir allí, simplemente no soy lo suficientemente fuerte" Estas son las frases que las personas como tú dicen constantemente. Lo que debe hacer es desterrar estas creencias y dichos y en su lugar decir exactamente lo contrario. En lugar de decir "¡No puedo hacer esto!", Diga "¡Puedo hacer esto, estoy listo!". Cuando estás dudando de ti mismo o diciendo cosas negativas, estás plantando semillas subconscientes en tu cerebro de duda y negatividad. Cuantas más semillas plantes, más árboles de duda crecerán.

En lugar de plantar árboles de duda, es necesario plantar árboles de positividad, confianza y valor. Todos los días luchas contra la ansiedad, todos los días te levantas y haces lo mismo otra vez esperando un resultado diferente. Algunos pueden llamar a esto ansiedad; ¿Sabes cómo se llama también? ¡Se llama coraje! El coraje de hacer lo que haces todos los días, mientras que otras personas recorren su vida diaria sin luchar como tú lo haces. Tienes el coraje y la determinación para ganar contra lo que estás luchando, es solo que todavía no te das cuenta.

Auto-afirmación

¡Empieza a darte cuenta de que **tienes** el poder de ganar! Date cuenta ahora que todo lo que estás experimentando es un escalón para ser más fuerte. Antes de que

Nick entrara en una situación en la que provocó su ansiedad (mostrarse en público), tuvo un cierto proceso de pensamiento y dijo algunas palabras en voz alta. Comenzó cerrando los ojos e imaginando que era un personaje en un juego. Imaginó una barra de experiencia flotante sobre su cabeza y cada vez que salía desafiando su ansiedad, esa barra de experiencia se llenaba. Porque cada vez que vences una situación, te vuelves más duro. Te conviertes en un tú más fuerte. La vida es solo un juego en el que somos todos los personajes.

Después de pasar por este proceso de pensamiento, dijo algunas frases en voz alta para sí mismo. Lo que estás haciendo aquí es auto-programar tu mente en una nueva forma de pensar y sembrar esas semillas de confianza. Es un poco como lo que haría un boxeador o un luchador antes de un partido. Es una forma tan poderosa de inculcar el sentido de confianza dentro de ti. Los siguientes son algunos de los dichos que puede decir, que se ha demostrado que funcionan con Nick:

- "Esto va a ser fácil."
- "¡Todo está bajo control, no hay ansiedad hoy!"
- "Tengo el control total de mis emociones."
- "¡Soy increíble y hoy voy a estar libre de ansiedad!"
- "¡Nada me va a detener!"
- "La ansiedad es débil y soy fuerte."
- "Soy fuerte, poderoso y confiado."
- "Nada se interpondrá en mi camino."

Las anteriores son algunas frases probadas. Si puedes pensar en tu propia frase de empoderamiento, ¡incluso mejor! Solo asegúrate de decirlo tres veces y con convicción, quieres convencerte de que eres lo que estás diciendo. Ahora, las siguientes son algunas frases que puede decir mientras tienes un ataque de pánico o te das cuenta que vas a tener uno.

- "¡¿Eso es todo lo que tienes ansiedad?!"

- "Lo que sea que esté experimentando va a pasar."
- "Llamas a esto un ataque de ansiedad? ¡He tenido peores!"
- "Jajajaja, fuera de aquí ansiedad estoy ocupado"
- "Oh mira, tengo otro ataque de ansiedad por venir, bueno ... apresúrate y termina con esto, cosa insignificante."

Al igual que las cosas que dices antes de entrar en una situación, estas frases de "batalla" en el medio se dicen con más convicción. Es un poco como cuando eres un niño y tus padres te dicen que digas que no existen los monstruos. Repite ese dicho hasta que ya no tengas miedo de los monstruos. Lo mismo vale para nosotros ahora, en lugar de desterrar al monstruo del armario, estamos desterrando a nuestros monstruos de ansiedad. Entonces, mientras tienes un ataque de pánico, enfóquese en una frase como "Lo que sea que esté experimentando va a pasar" y repítalo hasta que la ansiedad desaparezca. Finalmente, llegas al punto en el que se va en cuestión de segundos. Lo que te estás diciendo a ti mismo no es solo una técnica de auto refuerzo, es una forma de conexión a tierra para tus emociones estables.

Reforzándose constantemente con estos pensamientos y frases todos los días, eventualmente dirás cosas como: "Oh, no puedo esperar por hoy, veamos. Si la ansiedad decide aparecer, no puedo esperar para decirle quién es el jefe". "Mientras haga lo que se le ha mostrado, debe comenzar a ver subir su confianza y autoestima". ¡Comienza a tomar el control de tu confianza de nuevo y muestra al mundo quién tiene el control! ¡TU LO TIENES!

Capítulo 5: Ejercicios de respiración para ataques de pánico

Cuando se trata de controlar su ansiedad, los ejercicios de respiración pueden ser invaluables. ¿Recuerdas el primer capítulo sobre la ciencia de la ansiedad? El cuerpo entra en exceso de velocidad, aumenta su presión arterial, el corazón bombea más rápido y aumenta la velocidad de respiración. Este capítulo se centrará en este aspecto y se mostrarán formas de controlar su respiración. En ciertas situaciones, las personas pueden hiperventilar cuando tienen un ataque de pánico, esto se debe a la mayor frecuencia respiratoria y la cantidad de oxígeno que está tomando.

Es familiar en películas y libros donde un adolescente nerd comienza a hiperventilar y saca una bolsa de papel marrón para respirar. Sin embargo, no todos podemos llevar una bolsa de papel para respirar cuando las cosas se ponen difíciles. Así que a continuación hay dos técnicas que Nick ha usado para controlar su respiración cuando un ataque de pánico está en pleno apogeo.

El método de la máscara

El método de la máscara es una versión fácil y conveniente del método de la bolsa de papel. Nick se encontró con esto de una forma bastante interesante. Un día, él estaba teniendo un ataque de pánico en el auto camino al trabajo. Así que, por alguna razón, se cubrió la nariz y la boca con ambas manos, un poco como la máscara que Sub-Zero usa en Mortal Kombat. Después de unos 20 segundos, comenzó a calmarse un poco y se dio cuenta de que dejó de respirar tan rápido. Sin darse cuenta realmente de que había creado un ambiente hermético como la bolsa de papel, esto detuvo la cantidad de oxígeno que se tomó y, a cambio, disminuyó la respiración.

Este método se lo realiza de la siguiente manera:

1. Coloca ambas manos sobre tu boca como si estuvieras sorprendido por algo.
2. Asegúrate de que tus dedos estén apretados y que haya la menor cantidad de huecos posibles.
3. El aire se calienta y se bastante difícil respirar si lo estás haciendo correctamente.
4. Mantén las manos en esta posicióny retíralas cuando sientas que estás respirando lentamente.
5. Como una distracción adicional, también te enfoca en tu respiración, lo cual se explicará en el siguiente método.

Método de respiración enfocada

Este método es en realidad una forma de meditación. Es una forma muy poderosa de regular la respiración si se practica y se domina. Combinado con el método de máscara, esta es una excelente manera de controlar la forma en que respiramos. ¡Cada vez que hacemos esto se vuelve más fácil y rápido antes de que te des cuenta serás un maestro del control de la respiración!

1. Párese / siéntese en un lugar donde no lo molesten y cierre los ojos.
2. Respire hondo por la nariz, manténgalo durante 3 a 7 segundos, lo que le resulte más cómodo. Luego exhale durante 3-7 segundos por la boca.
3. Continúe con este tipo de respiración, pero ahora va a concentrarse en la respiración que va por la nariz, por la garganta, girando alrededor de sus pulmones y luego regresando a los pulmones, a la garganta y a la boca.
4. Enfoque y visualice el aire entrando y saliendo, dentro y fuera, hasta que su respiración esté bajo control.

Lo mejor de esta técnica de respiración es que puedes practicarla incluso cuando no estás teniendo un ataque de pánico. Pruébalo ahora y verás cómo te sientes más relajado. Aprender a controlar tu respiración y reconocer tu respiración es asombroso en sí mismo. Todo puede ser controlado, solo tienes que aprender las formas de hacerlo. Al utilizar las técnicas anteriores, tendrá una mayor probabilidad de dominar su mente y liberarse de la ansiedad. ¡Al combinar los ejercicios de respiración, el auto-refuerzo, las técnicas de relajación y las prácticas de manejo del estrés, desterrarás a los monstruos de ansiedad para siempre! ¡Todavía no has encontrado las mejores cosas!

Capítulo 6: Técnicas de distracción para los ataques de pánico

Como la técnica de la bolsa de papel; Las técnicas de distracción son formas bien conocidas para manejar de la ansiedad. Al principio, las técnicas de distracción son excelentes cuando no estás seguro de qué hacer cuando se produce un ataque. Si bien las técnicas de distracción no son la mejor solución a largo plazo, definitivamente ayuda a superar un ataque de pánico. El objetivo de este libro es no enmascarar tu ansiedad sino de eliminarlo.

Este capítulo se incluye porque Nick sintió que las técnicas de distracción ayudarían en el próximo capítulo y porque le ha ayudado a superar la mayoría de las situaciones. Entonces, ¿qué son las técnicas de distracción? Las técnicas de distracción son una forma de mecanismo de defensa que puede aplicar a situaciones y a la vida en general. Cuando se aplican correctamente, pueden ser una herramienta poderosa para usar.

Lo que se le mostrará será similar a ejercicios como contar ovejas para ir a dormir. El objetivo es alejar su mente de la situación actual y calmarla para que pueda pensar más despacio. Si se hace correctamente, debería poder desconectarse y olvidar por completo que está sufriendo un ataque de pánico. Todas estas técnicas son una forma de meditación como tal, donde te enfocas en una cosa en particular y mantienes ese enfoque por un tiempo.

Centrarse en un objeto

Si has leído el capítulo que contiene la meditación, tendrás la base lista para este ejercicio y los otros ejercicios. Si no lo has leído, es hora de hacerlo. Todo lo que hace para este ejercicio es escoger un objeto y concentrarse en él durante aproximadamente 2 a 5 minutos o hasta que su ansiedad se haya disipado. Esta vez estás usando una forma muy rápida de meditación cuando estás teniendo un ataque de pánico.

1. Comience por elegir un objeto como una pantalla de TV, una roca, un árbol o una imagen. Tomemos por ejemplo un árbol Bonsai.
2. Necesitará sentarse, pararse, recostarse o agacharse donde no lo molesten y mirar el árbol.
3. Concéntrese en nada más que en el árbol de bonsáis y observe todos los pequeños detalles, como las ramas. Luego mire las hojas en el árbol, vea qué color y forma tienen. Enfócate en cuán grandes son algunas de las hojas. Enfócate en cuán pequeñas son algunas de las hojas. Si estás mirando un árbol afuera ... ¿cómo se balancea ese árbol en el viento?

Continúa enfocándote en el árbol y eventualmente comenzarás a calmarte. Cada vez que vuelves a tener pensamientos de ansiedad, simplemente vuelves a enfocarte en el árbol u objeto que tienes a mano. No debes tener pensamientos o sentimientos aparte del objeto en el que te estás enfocando.

Enfoque en la música

Exactamente el mismo principio se aplica aquí también, esta vez, aunque te centrarás en la música. Esta técnica quizás tenga el beneficio adicional de la elección de la música en sí misma, puede seleccionar las canciones perfectas para reducir la velocidad de su pensamiento. Como se mencionó anteriormente en el libro, seleccionar un determinado género de música puede ayudarlo a relajarse. Antes de salir, cargue su teléfono, reproductor de mp3 o Tablet con canciones relajantes y tranquilas, tal vez algunas de sus canciones favoritas.

1. Al igual que con la meditación y el ejercicio anterior, tendrás que encontrar un lugar donde puedas sentarte, pararte, agacharte o recostarte.

2. Cierra los ojos y reproduce tu música, por ejemplo, una canción de relajación de flauta.
3. Concéntrese en nada más aparte de la música que está escuchando. Querrás que la música sea lo suficientemente alta como para que no puedas escuchar nada aparte de tus propios pensamientos y la música (aunque no demasiado fuerte).
4. Escucha la canción, escucha cómo se toca cada instrumento en particular. Cómo van los tonos altos y bajos. Escucha lo profunda o alta que es la voz del cantante. Al igual que con el árbol, debes concentrarte en cada pequeño detalle de la música hasta que ya no tengas ataques de pánico total.

Centrarse en una actividad

Si todo lo demás falla, ¿por qué no volver a lo básico? A veces, la mejor manera de lidiar con la ansiedad es hacer algo. Juega un juego en tu móvil, como Angry Birds, Tetris o Solitario. El simple hecho de que estás concentrando la mayor parte de tu capacidad intelectual en el juego significa que no estás dando ningún pensamiento o energía hacia la ansiedad. Otra gran actividad es el ejercicio. Teniendo en cuenta que estás lleno de adrenalina y tu cuerpo está a toda marcha, ¿por qué no usar toda esa energía? El ejercicio garantizado puede no ser práctico para la mayoría, pero si tiene la oportunidad de hacer ejercicio, ¡entonces hágalo! ¡Corre Forest corre!

Una actividad más calmante podría ser escribir. Puedes escribir cualquier cosa, sin limitaciones. Si no quieres escribir, dibuja, dibuja líneas onduladas si quieres, simplemente dibuja lo que quieras. Tu imaginación es tu límite cuando se trata de este tipo de cosas. Solo asegúrese de realizar esta actividad para centrarse en ella como lo hizo en las técnicas anteriores. En el capítulo 7 utilizarás estas técnicas mucho, así que comienza a practicar y acostumbrarte a ellas, ¡el verdadero desafío aún está por venir! Todo lo que has aprendido hasta ahora se combinará para liberarte de la ansiedad.

Capítulo 7: Visualización y Pensamientos

Antes de acercarse al penúltimo capítulo, se le mostrarán algunas técnicas de visualización fantásticas que puede utilizar para cambiar su forma de pensar. En este capítulo, se construirá a partir del Capítulo 4, por lo que, si no lo ha leído, le sugiero que lo lea ahora para familiarizarse con lo que hablaré. Se te mostró el poder de la autoafirmación y el refuerzo, ahora descubrirás el poder de la visualización y el optimismo.

Muchas personas exitosas utilizan técnicas de visualización y reconocen la capacidad que tiene para cambiar la forma de pensar y comportarse. Se puede usar para bajar de peso, crear una vida más feliz y muchas más cosas, por lo que tiene sentido aplicarla también a su ansiedad. Aún no lo sabes, pero solo pensar, visualizar e imaginar puede crear una vida sin ansiedad.

Lo que sucede es que, con el tiempo,

cuando visualizas y piensas constantemente en una determinada cosa, comienzas a convertirte en lo que estás pensando. ¿Conoces a personas que se quejan y se quejan constantemente de ciertas cosas y cuanto más las conoces, peor se vuelven? Cuanto más tiempo estés cerca de ellos, más comenzarás a ser como ellos y luego comenzarás a quejarte y quejarte de las cosas.

Tomemos, por ejemplo, Nick se une a una empresa feliz, sonriente y alegre. Él ve a todos aburridos, tristes y enojados. La gente le dice: "Bienvenido, no sabes en qué te has metido". Nick dice "No está tan mal aquí" y continúa durante 3 años. Al final de los tres años, el hombre, una vez feliz, alegre y de buenos modales, ahora es infeliz, está enojado y ansioso. Usted ve que lo que sucedió es que cada día que él estaba allí, la gente comenzó a colocar pensamientos e ideas en su cabeza. Eventualmente lo que experimentó y visualizó se hizo realidad.

Finalmente, Nick se dio cuenta de esto y comenzó a practicar la visualización. Al final, necesitaba liberarse del ambiente tóxico en el que estaba trabajando y se fue. Si esto suena como tú, entonces quizás necesites reevaluar tu situación y a las personas que se encuentran más cerca.

A continuación, se le mostrará la técnica de visualización que Nick utiliza para disminuir su ansiedad y, en última instancia, cambiar la forma en que pensaba.

La imaginación es una herramienta poderosa

De niños crecemos con imaginaciones salvajes y vívidas y al llegar a la edad adulta parece que perdemos el poder de simplemente pensar y visualizar. ¿Alguna vez soñó con dragones, hechizos y hadas y en ese momento se sintió tan real? Lo creas o no, todavía tienes ese mismo poder dentro de ti, simplemente nunca lo usamos. Con un poco de práctica, aunque volverás a utilizar tu imaginación como antes.

Para comenzar a visualizar una vida mejor, primero debes decidir cuáles son tus objetivos finales. Para Nick, su objetivo final era tener una vida libre de agorafobia y enojo. Así que decida qué quiere obtener de la visualización y escriba su meta o metas abajo. Una vez que haya decidido cuál es su objetivo final, ahora puede comenzar con la práctica de visualización.

- Tenga en cuenta el objetivo que anotó y esto es en lo que nos centraremos.
- Todas las mañanas, cuando te levantas, vas a cerrar los ojos y sentarte o recostarte, simplemente visualizando: ¿Cómo te ves? ¿Cómo se siente? ¿Cómo es tu vida y qué estás haciendo actualmente? Entonces, lo que estás haciendo es simplemente imaginarte a ti mismo en tu objetivo final. Por ejemplo, si tu objetivo es perder peso, te imaginas que llegas a ser atlético y sin grasa.

- Has esto todas las mañanas durante 5 - 10 minutos.
- Luego, cuando llega el almuerzo, haces lo mismo otra vez e imaginas tu escenario perfecto donde estás feliz, sin ansiedad y saludable.
- Ahora es hora de dormir, haces exactamente lo mismo otra vez. Durante 5 a 10 minutos, siéntate, cierre los ojos y visualiza el escenario perfecto para ti.

Combinando la visualización con su refuerzo diario, eventualmente comenzará a ver cambios en su actitud y la forma en que aborda las cosas en la vida. Volviendo a la analogía de semillas y árboles. Cuanto más planten semillas de positividad, confianza y optimismo, más de ese tipo de árboles crecerán y al final; En lugar de tener un bosque lleno de negatividad, poca confianza y ansiedad. Tendrás un bosque lleno de confianza, optimismo, luz, esperanza y positividad.

Capítulo 8: Terapia cognitivo-conductual TCC

Desarrollado originalmente por Aaron T. Beck en la década de 1960, la terapia de comportamiento cognitivo o TCC es la práctica de reacondicionar tu mente en una nueva forma de pensar. Funciona para cambiar y mejorar sus capacidades de adaptación en pasos simples, siguiendo un programa diseñado para la persona en particular. La situación de cada persona es diferente y puede haber una multitud de factores con los cuales lidiar. En este capítulo, diseñará su propio plan de terapia de TCC y en poco tiempo estará haciendo cosas que nunca pensó que serían posibles.

No hace falta decir que, si tiene la opción de ver a un profesional calificado bien practicado en terapia de TCC, se recomienda hacerlo. Todo lo que se mostrará aquí es la experiencia personal de Nick durante un año. Originalmente se sentó con una encantadora dama a la que puede recordar claramente. Ella habló con una voz calmada que tenía un eco de confianza que emanaba de ella. Tan pronto como empezó, pudo decir de alguna manera que lo que ella me iba a decir iba a funcionar ... y así fue.

En ese momento era aterrador y un poco intimidante, pero él confiaba en lo que ella estaba diciendo y debes hacer lo mismo con este libro y con lo que se dice aquí. El primer paso en el proceso de la TCC es confiar en lo que se muestra y no importa cuán asustado o ansioso te sientas, siempre es para su propio beneficio. Habrá momentos en los que dirás "No puedo hacer esto" o "Esto no me está ayudando", solo recuerda los capítulos anteriores que has leído. Puedes hacerlo. Todo lo que has aprendido hasta ahora son los mecanismos para superar este desafío final.

Para que esta terapia funcione, se pondrá en situaciones en las que puede ser difícil lidiar a la primera, pero con el tiempo se aliviará. Piensa que es un juego y estás avanzando a través de los niveles. Cada vez que dominas un nivel, ganas experiencia y subes de nivel. Sin embargo, con cada etapa o nivel se hace más difícil y con cada nivel, te enfrentas a enemigos u obstáculos más duros.

Terapia de exposición

Hay muchas maneras en que un terapeuta de TCC puede abordar su pensamiento y comportamiento. Para esta situación que es su ansiedad, se le mostrará el método de exposición. El método de exposición tiene una tasa de éxito muy alta con fobias y ansiedad en general. Entonces, ¿qué es la terapia de exposición? La terapia de exposición es donde te expones lentamente y gradualmente a algo que temes o te preocupa. Te pones en una situación en la que normalmente estás ansioso y permaneces allí durante un corto tiempo. Una vez que te acostumbras a una situación, pasas a algo más difícil, pero no demasiado difícil o regresarás al punto de partida.

Se trata de acostumbrarse lentamente sin hacer explotar sus emociones con un golpe de ansiedad, que es lo que normalmente experimenta. En primer lugar, empiece por tomar un bolígrafo y un papel y escriba dos cosas. Escribe una situación en la que estés tranquilo, sin ansiedad y relajado. Luego, al final de la página, escriba su situación más aterradora, ansiosa e inquietante. Como ejemplo, Nick tenía agorafobia, por lo que su primera opción sería estar en casa con la familia. Su situación más ansiosa sería en un lugar lleno de gente al aire libre, como un estadio.

Una vez que hayas anotado tu situación más ansiosa y tu situación menos ansiosa, ¡Tu situación más ansiosa será tu destino final! Esto será para lo que trabajamos, el objetivo final. Lo que vas a hacer es entre tu situación de menor ansiedad y ansiedad, crearás una pequeña escalera. En los peldaños de la escalera habrá varias situaciones que desafiarán tu ansiedad.

Cada vez que avanzas en la escalera, estás trabajando para alcanzar tu objetivo final y cada paso debe desafiar su ansiedad. A continuación, se muestra el plan exacto que Nick formuló con su terapeuta para superar su agorafobia:

1. Salir al jardín por 15 minutos.
2. Pasar fuera de la puerta del jardín durante 15 minutos.
3. Ir al final de mi cuadra durante 15 minutos.
4. Ir al final de mi cuadra durante 30 minutos.
5. Ir a la siguiente cuadra durante 15 minutos.
6. Ir a la siguiente cuadra durante 30 minutos.
7. Ir al parque local durante 15 minutos.
8. Ir al parque local durante 30 minutos.
9. Ir al parque local durante 1 hora.
10. Ve a la tienda más cercana con alguien durante todo el viaje de compras.
11. Ir a la tienda más cercana por mi

cuenta y hacer todas las compras.

Como puede ver en la lista anterior, cada vez que avanzaba por la escalera hacia el siguiente paso, aumentaba la ansiedad que sentía, pero no tanto para desencadenar un ataque de pánico. Si estás experimentando un ataque, debes volver a la etapa anterior. Sin embargo, si sientes que puedes manejar el ataque mantente como puedas en ese peldaño hasta que se vaya. Mientras te mantengas en esa situación y salgas bien de ella, saldrás de ella siendo una versión más fuerte de ti mismo. Hubo algunas veces que Nick tuvo un ataque de pánico, pero se mantuvo firme hasta que el ataque cesó. Todo el tiempo se auto reforzaba, visualizaba, se centraba en su respiración y utilizaba las técnicas de respiración para minimizar el impacto del ataque.

Todo lo que ha aprendido y lo que se ha demostrado hasta ahora lo ha llevado a esta etapa. Usa todo lo que has aprendido para mejorar esta escalera y alcanzar tu objetivo final de liberarte de la ansiedad.

Así que sube por la escalera y no te sientas mal si necesitas permanecer en un cierto paso durante un par de intentos. Permanece en un escalón hasta que ya no estés asustado o ansioso cuando entres en esa situación que te propusiste. Una vez que te sientas seguro de ese paso, pasas al siguiente paso.

Otro ejemplo para esto podría ser decir que tienes miedo a las alturas. Tu lista se vería como esta:

- Entra en el edificio alto y quédate 15 minutos.
- Entra en el edificio alto y sube el primer tramo de escaleras, quédate 15 minutos.
- Sube otro tramo de escaleras en el edificio y quédate 15 minutos.
- Suba la mitad del edificio y quédese 15 minutos.
- Suba la mitad del edificio y, esta vez, mire por encima de las barandillas durante 15 minutos.
- Llegar a la parte superior del edificio y

permanecer durante 30 minutos.
- En la parte superior del edificio, gire a la mitad hacia el borde del edificio y permanezca durante 30 minutos.
- En la parte superior del edificio, vaya al borde del edificio, sin mirar hacia abajo y con alguien de confianza durante 30 minutos.
- El objetivo final es mirar por encima del borde en la parte superior del edificio durante 30 minutos.

Como puede ver, cada vez que avanzó en la escalera, aumentó la dificultad y el tiempo. Finalmente, llegaste al punto en que ya no tenías miedo de esa situación. Esto es lo que es la terapia de exposición y es altamente eficaz. Ha funcionado para Nick y también puede ayudarlo, solo confíe en el proceso y haga lo que se le mostró en este libro. Puede llevar algún tiempo lograrlo, pero nada que valga la pena tener es fácil de obtener.